5학년 5반 나동화, 국어 만점왕이 되다
(초등 5학년, 국어 실력이 평생 성적을 좌우한다)
[행복한 교과서®] 시리즈 No.30

지은이 | 김정
발행인 | 홍종남

2017년 3월 30일 1판 1쇄 인쇄
2017년 4월 5일 1판 1쇄 발행

이 책을 만든 사람들
책임 기획 | 홍종남
북 디자인 | 김효정
교정 교열 | 김솔
출판 마케팅 | 김경아

이 책을 함께 만든 사람들
종이 | 제이피씨 정동수·정충엽
제작 및 인쇄 | 다오기획 김대식·유재상

펴낸곳 | 행복한미래
출판등록 | 2011년 4월 5일. 제 399-2011-000013호
주소 | 경기도 남양주시 도농로 34, 부영e그린타운 301동 301호(도농동)
전화 | 02-337-8958
팩스 | 031-556-8951
홈페이지 | www.bookeditor.co.kr
도서 문의(출판사 e-mail) | ahasaram@hanmail.net
내용 문의(지은이 e-mail) | livethedream530@naver.com
※ 이 책을 읽다가 궁금한 점이 있을 때는 지은이 e-mail을 이용해 주세요.

ⓒ 김정, 2017
ISBN 979-11-86463-24-6
〈행복한미래〉 도서 번호 055

:: [행복한 교과서®] 시리즈는 〈행복한미래〉 출판사의 실용서 브랜드입니다.
:: 이 책은 신저작권법에 의거해 한국 내에서 보호를 받는 저작물이므로 무단 전재 및 복제를 금합니다.

5학년 5반 나동화,
국어 만점왕이 되다

| 김 정 지음 |

행복한미래

> 동화로 읽는 국어 공부법,
> 국어 실력이 밥 먹여준다!

동화 목차

01 그 녀석과 한 판 승부를 시작하다 — 16
02 추적 40분, 그 녀석의 공부 습관을 분석하다 — 26
03 현실인 듯, 현실 아닌, 현실 같은 소설 — 36
04 계주 달리기에서 굴욕을 맛보다 — 49
05 지금 내 마음은 공사 중이다 — 65
06 짝짝이 양말을 신고 학교에 가다 — 79
07 물이 반이나 남았구나! — 92
08 월요조회시간, 좌충우돌하여 방송사고가 나다 — 99
09 갑자기 노트 한 권을 건네받다 — 111
10 5학년 5반 학급 백일장이 열리다 — 125
11 백지장도 맞들면 낫다 — 140
12 예상하지 못한 선물 — 151
13 '밥 먹어!'와 '밥 먹자.' — 162
14 찍기의 신이여! 도와주소서 — 170
15 국어 하수에서 국어 고수로 거듭나다 — 183

프롤로그

국어 실력은 모든 공부의 기본이다

요사이 영어 공부와 수학 공부는 열심히 하면서 국어 공부는 소홀히 하는 학생을 많이 봅니다. 영어 단어는 술술 외우면서 국어 낱말 뜻을 정확하게 아는 일에는 정작 소홀합니다. 그렇지만 국어는 학생들이 생각하는 것보다 훨씬 중요한 과목입니다. 다른 과목 교과서는 각 출판사에서 많이 만들지만, 국어교과서는 교육부에서 정한 집필진이 오랜 시간 동안 고민해서 만듭니다. 수능 시험에서도 국어 과목을 1교시에 가장 먼저 봅니다. 그만큼 중요한 과목이기 때문입니다.

국어는 모든 과목의 주춧돌입니다. 사회와 과학 문제의 지문도 국어로 되어 있고, 수학 문제도 다 국어로 되어 있습니다. 그래서 국어 실력이 부족하면 당장은 괜찮은 것 같아도 언젠가 한 번은 어려움을 겪습니다. 주춧돌을 제대로 세우지 않은 건물이 겉으로는 멀쩡해 보여도 작은 흔들림에 무너지고 마는 것과 같은 이치입니다. 예를 들어 수학 문제에서 긴 문장제 문제가 나올 때, 계산은 할 줄 아는데 문제를 이해하지 못해 틀리는 학생들이 있습니다. 사회나 과학 서술형 문제에서 개념은 기억하는데 그것을 어떻게 표현해야 할지 몰라서 답을 제대로 쓰지 못하기도 합니다.

국어 과목은 평소 생활과 관련이 많습니다. 국어 과목을 구성하는 여섯 가지 기본 영역은 듣기, 말하기, 읽기, 쓰기, 문학, 문법입니다. 즉, 국어 실력을 높인다는 것은 듣고 말하고 읽고 쓰는 능력, 문학 작품을 감상하는 능력, 우리글을 정확하게 사용하는 능력을 높인다는 말입니다.

듣기 능력을 키우면 다른 사람의 말을 경청하는 태도와 공감 능력이 향상합니다. 들으면서 이해하는 능력을 기를 수 있어 듣기평가를 할 때도 도움이 됩니다.

말하기 능력을 키우면 자신의 생각을 다른 사람 앞에서 자신 있게 펼칠 수 있습니다. 대학생, 직장인이 되면 자신의 의견을 발표해야 할 일이 많은데 학생 때 말하기 능력을 키우지 않아서 대다수 어른이 발표 공포증에 시달립니다.

읽기 능력을 키우면 모든 과목의 지문을 독해할 때 도움이 됩니다. 그리고 신문 기사, 소설, 인터넷 게시판의 글 등 여러분이 접하는 수많은 글을 정확하게 이해하는 능력도 향상합니다.

쓰기 능력을 키우면 대입 논술, 취업 논술에서도 자신감을 가질 수 있고, 어른이 되어서도 글을 즐겨 쓰면서 자신의 이름으로 된 책을 출판할 수 있는 기회가 생깁니다. 이제 작가뿐만 아니라 다양한 직업의 사람이 SNS에 글을 쓰면서 자신의 의견을 표현하고, 책을 출판하는 시대가 되었기 때문입니다.

문학 작품을 감상하는 능력을 키우면 사람과 삶을 깊이 이해할 수 있습니다. 문학 작품에는 삶의 기쁨, 슬픔, 놀라움, 다양한 사람의 인생이 모두 담겨 있습니다.

국어 문법을 제대로 배우면 세종대왕이 만든 자랑스런 우리글을 대한민국 국민으로서 떳떳하고 정확하게 사용할 수 있습니다. 외국어 문법은 잘 알면서 국어 문법을 잘못 사용한다면 그것은 창피한 일입니다.

국어 공부는 기초를 탄탄히 세워 깊이 있게 해야 합니다. 국어를 객관식 문제 풀이 위주로만 공부한다면, 어려운 문제나 서술형·논술형 문제를 접할 때 쉽게 실력이 무너지고 맙니다. 상위권으로 갈 수 있는 기본 요소는 국어 실력입니다.

사회와 과학처럼 외울 부분이 많은 암기 과목은 짧은 시간 안에 성적을 올릴 수 있지만, 국어 성적은 짧은 시간 안에 올릴 수 없습니다.

국어 실력을 키우려면 초등학생 때부터 탄탄한 기본기를 쌓아야 합니다. 운동선수가 기술이 아닌 체력부터 기르는 것과 마찬가지입니다. 체력이 부족한 선수는 기술이 향상되었어도 몸 컨디션에 따라 기록이 들쑥날쑥할 것입니다. 국어 공부도 마찬가지입니다. 기초가 부족하면 성적은 들쑥날쑥합니다.

초등학생 때 국어 실력을 키워 국어 과목에 자신감을 가진다면 다른 과목에도 긍정적인 영향을 줄 수 있습니다. 모든 공부의 원리는 서로 상통하는 부분이 있습니다. 그렇기에 가장 기본이 되는 국어 공부의 원리를 간파한다면 다른 공부의 원리도 쉽게 깨우칠 수 있습니다.

지금까지 국어 공부가 왜 중요한지 입에 침이 마르도록 여러 번 이야기했습니다. 이 책은 국어 공부를 어려워하는 주인공 '나동화'가 국어 고수인 오빠 '나독해'에게 국어 공부 강의를 들으면서 국어 실력을 쌓아 가는 내용으로 구성되어 있습니다. 여러분도 주인공과 함께 국어 공부의 비법들을 하나씩 깨우치면서 국어 실력을 쑥쑥 키울 수 있기 바랍니다. 초등학교 때 확실하게 다진 국어 실력은 여러분이 중학생, 고등학생, 대학생, 어른이 되어서까지 모든 공부의 든든한 주춧돌이 되어 줄 것입니다.

이 책의 등장인물

나동화
- 좋아하는 과목 : 수학, 체육
- 싫어하는 과목 : 국어
- 특징 : 솔직한 성격과 우렁찬 목소리

나독해
- 중학교 2학년, 나동화의 작은오빠
- 푸른 중학교 전교 1등이자 국어 만년 만점, 독해력 만점
- 동화에게 국어 공부 비법을 전수하는 인물

윤시인
- 5학년 5반 학급회장
- 취미 : 독서, 축구
- 특징 : 잘 웃지 않는다.

백장미
- 취미 : 뒤에서 다른 친구 욕하기
- 특징 : 꾸미는 것을 좋아한다.

김상민
- 취미 : 게임, 축구, 모자 모으기
- 특징 : 말이 많다.

채민주
- 동화의 단짝 친구
- 좋아하는 과목 : 미술, 체육
- 취미 : 남자아이돌 영상 보기

차례

- 동화 목차   5
- |프롤로그| 국어 실력은 모든 공부의 기본이다   6
- 이 책의 등장인물   9

〈1교시〉 공부 기본기를 다지는 국어 공부 만점 비법 노트

01 그 녀석과 한 판 승부를 시작하다   16

    만점 비법 노트_교과서 속에 모든 답이 있다! 국어교과서 파헤치기 비법   22

02 추적 40분, 그 녀석의 공부 습관을 분석하다   26

    만점 비법 노트_공부 3종 세트와 복습 노트 활용하기 비법   31

〈2교시〉 기초 탄탄! 문학 만점 비법 노트

03 현실인 듯, 현실 아닌, 현실 같은 소설   36

    만점 비법 노트_소설(이야기)의 재미 속으로 Go, Go!   43

    [교과 연계 : 6학년 1학기 7. 이야기의 구성]

    중학국어 톡! Talk?   46

04 계주 달리기에서 굴욕을 맛보다 … 49
　만점 비법 노트_말하는 이의 관점을 바꾸는 비법 … 58
　[교과 연계 : 5학년 2학기 11. 문학 작품을 새롭게]

　　중학국어 톡! Talk? … 61

05 지금 내 마음은 공사 중이다 … 65
　만점 비법 노트_시(詩)의 세계 속으로 풍덩! … 73
　[교과 연계 : 6학년 1학기 1. 비유적 표현]

　　중학국어 톡! Talk? … 77

06 짝짝이 양말을 신고 학교에 가다 … 79
　만점 비법 노트_문학의 갈래(시, 소설, 희곡)별 특성 파악하기 비법 … 88
　[교과 연계 : 6학년 1학기 12. 문학의 갈래]

〈3교시〉 실력 쑥쑥! 비문학 만점 비법 노트

07 물이 반이나 남았구나! … 92
　만점 비법 노트_글쓴이의 생각과 관점 파악하기 비법 … 97
　[교과 연계 : 6학년 1학기 2. 다양한 관점, 6학년 2학기 7. 다양한 생각]

08 월요조회시간, 좌충우돌하여 방송사고가 나다 … 99

    만점 비법 노트_자료를 활용하여 발표하기 비법 … 109

    [교과 연계 : 6학년 2학기 2. 자료를 활용한 발표]

09 갑자기 노트 한 권을 건네받다 … 111

    만점 비법 노트_설명문 완전 정복하기 비법 … 121

    [교과 연계 : 5학년 1학기 5. 대상의 특징을 살려]

    중학국어 톡! Talk? … 123

10 5학년 5반 학급 백일장이 열리다 … 125

    만점 비법 노트_논설문 완전 정복하기 비법 … 131

    [교과 연계 : 6학년 1학기 9. 주장과 근거]

    만점 비법 노트_독해력을 키우는 비문학 독해 비법 … 133

〈4교시〉 개념 튼튼! 어휘력 & 문법 만점 비법 노트

11 백지장도 맞들면 낫다 … 140

    만점 비법 노트_관용표현 자유자재로 사용하기 비법 … 146

    [교과 연계 : 6학년 2학기 4. 효과적인 관용표현]

12 예상하지 못한 선물 … 151

    만점 비법 노트_국어사전 & 어휘 노트 활용하기 비법 … 159

⑬ '밥 먹어!'와 '밥 먹자.' ··· 162
　　만점 비법 노트_중학국어에서 달라진 용어 살펴보기 ··· 165
　　[교과 연계 : 4학년 1학기 3. 문장을 알맞게]

〈5교시〉 초등학교 선생님이 콕 찍어 주는
　　　국어 시험 만점 비법 노트

⑭ 찍기의 신이여! 도와주소서 ··· 170
　　만점 비법 노트_객관식 문제풀이 & 함정 피하기 & 오답 다시 보기 비법 ··· 177
⑮ 국어 하수에서 국어 고수로 거듭나다 ··· 183
　　만점 비법 노트_서술형 문제풀이 비법 & 수행평가 점수 한 단계 올리기 비법 ··· 190

|에필로그| 국어 실력 덕을 본 선생님 이야기 ··· 196

1교시

공부 기본기를 다지는
국어 공부 만점 비법 노트

01 그 녀석과 한 판 승부를 시작하다

　5학년이 되면서 절대로 지고 싶지 않은 대상이 한 명 생겼다. 그것은 바로 사사건건 나랑 부딪히면서 경쟁하는 윤시인이다. 나와 윤시인의 경쟁은 지난번 회장 선거에서부터 시작되었다.

　1학기 회장 선거날 나와 윤시인이 똑같은 수의 표를 받은 상황에서 마지막 한 표만을 남기고 있었다. 나는 속으로 간절히 기도했다.

　'제발 제가 회장으로 뽑힐 수 있게 도와주세요!'

　개표위원 민재가 마지막 투표용지를 펼치더니 의미심장한 미소를 지었다. 민재는 잠시 뜸을 들이더니 큰 목소리로 발표했다.

　"윤시인!"

　내 자존심은 바닥에 떨어진 유리컵처럼 와장창 깨졌다. 3학년 때부터 계속 학급회장을 지낸 내 이력에 큰 흠집이 생겼다. 그 순간 나를 흘깃 쳐다보던 윤시인의 거만한 표정을 지금도 잊을 수 없다. 그것은 마치 '너는 나한테 절대 안 돼'라고 말하는 것 같은 오만한 승리자의 표정이었다.

　"역시 회장은 남자를 뽑아야 반이 제대로 굴러가지. 안 그래, 나동화? 우리 반에 여자가 한 명 더 많은데도 시인이가 회장이 된 걸 보니, 여자아이들 중에 누가 널 배신했나본데?"

"김상민, 그만해라. 그런 말을 왜 하냐."

김상민이 나에게 시비를 걸 듯 말하자 윤시인이 민망했는지 하지 말라고 말렸다.

'잘난 척하기는. 윤시인, 네 거만한 표정을 나는 이미 읽었다! 뒤늦게 이미지 관리해 보았자 소용없다고!'

나는 조용히 화를 가라앉히며 굳은 결심을 했다.
'전교부회장 선거에서는 기필코 너를 꼭 이기고 말겠어!'

그러나 내 희망은 얼마 되지 않아 또 한 번 산산조각이 나고 말았다. 학급회장 선거 일주일 후 열린 전교부회장 선거에서도 윤시인이 압도적인 표차로 이겼기 때문이다. 나는 윤시인이 5학년뿐만 아니라 6학년에게도 인기가 제법 많다는 사실을 그때 알았다.

나는 5학년 부회장 후보 중에서 2위도 아닌 3위를 했는데, 여자 후보가 나밖에 없다는 이유로 여자부회장이 되었다. 전교임원 선거의 원칙은 5학년 남자부회장 한 명, 여자부회장 한 명을 선출하는 것이다. 표를 많이 받아서가 아니라 유일한 여자 후보라서 선출된 것이기에 얼마 남지 않은 자존심이 더욱 상했다. 차라리 전교부회장 자격을 반납하고 싶었다.

"야, 나동화. 너 운 엄청 좋다. 유일한 여자 후보라서 전교부회장도 되고 말이야. 시인이한테 참패한 주제에, 출세했네."

역시나 김상민은 이런 절호의 기회를 놓치지 않고 나를 신나게 놀려 댔다.

"아, 시끄러워, 김상민."

"왜, 창피하냐? 그럼 전교부회장 자격 반납해. 원래는 시인이 다음으로 투표 순위 2등인 사람을 부회장으로 뽑아야 하는 거잖아?"

"……."

이때 내 인생에서 완전히 지워 버리고 싶은 역사가 하나 탄생했다. 김상민이 한 말에 너무 자존심이 상한 나는 순간 눈물을 뚝뚝 흘리고 말았다.

"나동화, 너…… 우냐? 김상민, 그만해."

윤시인은 내가 눈물을 흘리자 엄청 당황하면서 김상민을 말렸다. 하지만 나는 김상민보다 윤시인에게 눈물을 보여서 더 창피했다. 회장 선거도 지고, 전교부회장 선거까지 졌는데 이제 질질 짜는 모습까지 보이다니……. 쥐구멍이 있다면 숨고 싶었다. 나는 너무 창피해서 그 날 자다가도 벌떡 일어나 이불을 여러 번 찼다.

'아, 창피해! 오늘의 굴욕을 절대 잊지 않겠다! 중간고사에서는 꼭 이겨서 윤시인의 코를 납작하게 해 주마!'

그러나 마지막 희망인 '시험 성적으로 윤시인 이기기' 프로젝트에는 한 가지 큰 걸림돌이 있었다. 바로 국어 점수다. 국어를 잘하는 아빠의 문과 계열 특성을 닮은 큰오빠 나수필, 작은오빠 나독해는 항상 국어 만점을 자랑했다(물론 오빠들은 수학과 과학도 잘했다). 하지만 나는 수학과 과학을 잘하는 엄마의 이과 계열 특성을 닮아 수학은 잘하는 편이었지만, 국어 점수는 만년 70~80점대를 벗어나지 못했다.

작년에 윤시인과 같은 반이었던 친구 민주에게서 긴급 입수한 정보에 따르면, 윤시인은 작년까지 전 과목 모두 우수했고 반에서도 1등이었다고 한다. 특히 국어는 항상 100점인데다가 각종 글짓기 대회에서 온갖 상을 휩쓸었단다. 정말 알면 알수록 정이 가지 않는 녀석이다. 내가 가장 취약한 분야까지 잘하다니, 내 자존심을 떨어뜨리려고 나타난 녀석 같다.

국어는 내 큰 약점이기에 혼자서는 도저히 해결할 수 없는 문제다. 나는 썩 내키지는 않았지만, 작은오빠에게 도움을 요청했다. 내가 좋아하는 다정한 큰오빠는 고등학생이라 아무래도 시간 맞추기가 너무 힘들 것 같아서였다.

"오빠, 나 부탁이 하나 있는데."

"네가 무슨 바람이 불어서 나한테 오빠라고 하냐?"

작은오빠가 미심쩍은 표정으로 나를 바라보았다. 그렇다. 나는 평소에 작은오빠를 오빠라고 부르지 않고 그냥 '나독해'라고 불렀던 것이다. 그렇게 부르다가 아빠에게 혼난 것만도 여러 번이다.

"오빠를 오빠라고 부르지, 그럼 뭐라고 불러. 나 뭐 하나만 도와줘."

"뭘 도와 달라는 거야?"

"국어 공부 좀 가르쳐 줘."

"흠, 도와주는 대가는?"

이럴 줄 알았다. 내 작은오빠, 나독해는 역시 계산에 밝다.

"꼭 뭘 해 주어야만 할까?"

"공부 가르쳐 주는 동안 설거지랑 내 방 청소는 네가 해."

우리 집은 어려서부터 집안일을 해서 독립성을 길러야 한다는 엄마, 아빠의 교육 방침에 따라서 세 남매가 집안일을 일정량 돕고 있었다(아무래도 독립성보다는 엄마가 편하려고 이 규칙을 만든 것 같다는 의심을 지울 수 없다). 큰오빠는 빨래, 작은오빠는 설거지, 막내인 나는 거실 청소를 맡았다. 그런데 이제 작은오빠 담당인 설거지와 방 청소까지 해야 하다니, 엄청난 대가가 아닐 수 없다. 이름 그대로 정말 독하다, 독해!

"너무 심하지 않아? 그러고도 내 오빠야?"

"동화야, 나 나독해야. 푸른중학교 전교 1등. 특히 '나독해'라는 이름이 부끄럽지 않게 독해력 만점을 자랑하고, 국어 점수는 항상 100점이지. 이렇게 훌륭한 국어 선생님에게 배우는데, 그 정도는 해야 하지 않겠니. 원래 공짜로 하는 공부는 별로 효과가 없는 법이란다."

오빠는 예전부터 이런 식으로 나에게 '세상에 공짜는 없다'는 현실의 냉정함을 친절하게 알려 주곤 했다. 대가가 혹독했지만 지금 나에게는 다소 비굴할지라도 지원군이 필요하다. 혼자서는 단기간에 최대 약점인 국어 점수를 올릴 자신이 없기 때문이다.

"그래, 알았어. 설거지랑 방 청소할게!"

"좋아, 계약 체결이다! 그럼 일주일에 한 번, 집중적으로 국어 공부의 비법을 낱낱이 알려 주겠어. 이 몸이 귀중한 시간을 내주는 것을 고맙게 여기도록 해라."

역시 나독해의 잘난 척은 우리 반 윤시인 뺨친다. 윤시인이 신사인 척하면서 은근슬쩍 겸손으로 둘러싼 잘난 척이라면, 작은오빠는 어떻게 사람이 저렇게 뻔뻔할 수 있을까, 과연 친구가 있기는 할까 하는 의문이 드는 잘난 척이었다.

이런 실체를 모르는 내 친구들은 작은오빠의 말끔한 외모에 속아 넘어가 '너희 오빠 너무 잘생겼다'며 입이 마르도록 칭찬을 했다. 나는 그 친구들에게 한 달만 같이 살아 보라고, 그러면 생각이 달라질 것이라고 이야기하곤 했다.

어쨌든 '집안일 몰아주기'라는 혹독한 대가를 치르고 배우기로 했으니, 이제부터는 정말 열심히 국어 공부를 해야겠다. 반드시 이번 시험에서 국어 100점을 받아 윤시인을 이기고 말 테다!

〈1교시〉 공부 기본기를 다지는 국어 공부 만점 비법 노트

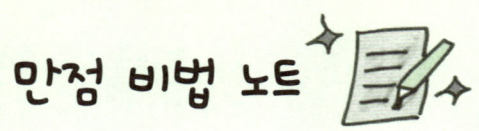

만점 비법 노트

교과서 속에 모든 답이 있다! 국어교과서 파헤치기 비법

　국어 공부의 기본은 국어교과서다. 진정한 공부 고수는 교과서가 닳도록 파헤치며 공부한다. 국어교과서가 어떻게 구성되어 있고, 어떻게 활용하여 공부해야 하는지 알아보자.

■ **학습목표를 파악하고, 학습목표 위주로 공부한다**

　학습목표는 국가에서 정한 초등학생이 꼭 배워야 하는 내용들을 국어교과서에 반영한 것이다. 이 학습목표에서 시험 문제와 수행평가 문제를 출제한다. 그러므로 학습목표와 관련된 내용을 확실하게 공부해야 한다.

　국어교과서의 학습목표는 이해 학습목표(~의 특성, 방법 등을 알아봅시다)와 적용 학습목표(~를 해 봅시다, ~를 써 봅시다)로 나뉘어 있다. 이해 학습목표는 지식을 배우며, 적용 학습목표는 앞에서 배운 지식을 적용하여 실제로 듣고 말하고 읽고 쓰는 활동을 한다. 이해 학습목표가 나오는 부분은 특성, 방법, 절차 알기 등 지식을 배우기에 중요한 내용은 기억해야 한다. 적용 학습목표가 나오는 부분은 실제로 그 활동을 할 수 있어야 한다.

예 5학년 2학기 10단원 "글을 요약해요"

1. 이해 차시 학습목표 : 글을 요약하는 방법을 알아봅시다.

    '이야기의 각 부분에서 중요한 사건이 무엇인지 찾는다.', '중요한 사건이 일어난 원인과 그 결과를 찾는다.' 등 글을 요약하는 방법과 관련된 지식을 꼭 기억해야 한다.

2. 적용 차시 학습목표 : 글을 읽고 요약하여 봅시다.

    교과서에 제시된 이야기를 실제로 요약할 수 있어야 한다. 글의 내용을 요약하는 문제가 수행평가로 나올 수도 있다.

- **염소 선생님과 강아지 친구, 토끼 친구의 말을 집중해서 읽는다**

작품에서 말하는이의 관점을 찾기 위해서는 말하는이가 처한 상황을 살펴보고, 말하는이의 처지가 되어 생각해 봐야 해요.

글을 읽을 때에는 순서대로 읽을 수도 있지만 필요한 부분만 찾아서 읽을 수도 있어요.

읽는 이의 상황이나 매체에 따라 글을 효과적으로 읽는 방법이 달라질 수 있어요.

염소 선생님과 강아지 친구, 토끼 친구는 학생 스스로 교과서를 공부할 수 있도록 도와주려고 만든 캐릭터다. 국어교과서에는 염소 선생님과 강아지 친구, 토끼 친구의 말주머니가 자주 나오는데, 중요한 내용을 설명할 때가 많으므로 꼭 기억해야 한다(특히 염소 선생님의 말주머니 내용은 학교 선생님이 하는 말씀이라 생각하고 반드시 기억하자).

■ 교과서 각 차시 '요점 정리'와 '단원 정리' 부분을 꼼꼼하게 검토한다

7 시와 이야기를 다른 이의 관점에서 바꾸어 쓰는 방법은 무엇인지 정리하여 봅시다.

- 자신의 생각을 효과적으로 전할 수 있는 <u>말하는 이</u> 을/를 선택한다.
- 말하는이의 <u>입장</u> 이/가 되어 인물과 사건을 새로운 관점으로 바라본다.
- 말하는이의 관점에서 독자에게 <u>전하고 싶은 말</u> 을/를 정리한다.

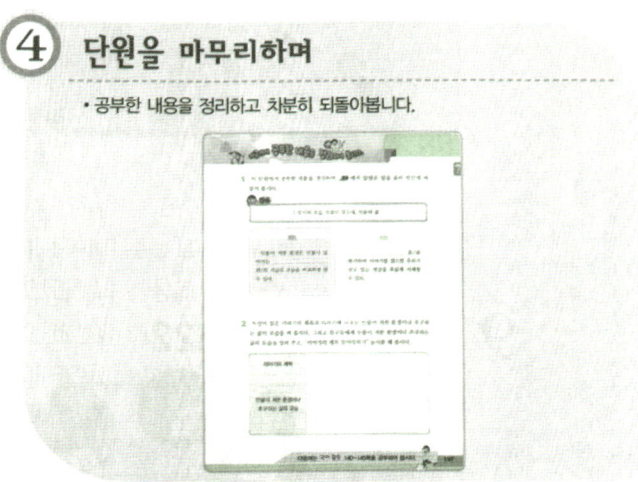

교과서 각 차시 끝부분에 나오는 '요점 정리'나 단원이 끝나는 마지막 부분에 나오는 '단원 정리'에서 핵심 내용을 알려 준다. 국어교과서의 정리 부분을 2~3회 이상 복습한다.

■ **교과서 중요한 내용에 밑줄을 그으며 세 번 이상 읽는다**

수업하기 전 예습할 때 한 번 읽고, 배운 후 중요한 내용에 밑줄을 그으며 읽어 두 번 이상 교과서를 읽는다(한꺼번에 세 번을 다 읽는 것이 아니라 시간 차를 두고 세 번 이상 읽으라는 의미다).

집과 학교를 오가며 교과서를 들고 다니는 것이 불편할 수 있으므로 국어교과서를 한 권 더 구입하여 집에 두고 사용하면 좋다. 교과서를 복습할 때는 수업 시간에 배운 내용을 생각하면서 다시 한 번 읽는다. 교과서에 나온 문제를 풀어 보고, 써 보는 활동을 한 번 더 하면 좋다. 수행평가 문제도 주로 교과서에 제시된 활동을 다시 출제하므로 자연스럽게 수행평가 연습도 할 수 있다.

※ 교과서 구입 방법 : 대형 서점이나 미래엔 웹사이트(http://textbook.mirae-n.com)에서 구매할 수 있다.

02
추적 40분, 그 녀석의 공부 습관을 분석하다

"동화야, 오늘 너에게 첫 번째 미션을 줄게."

"미션? 어떤 미션인데?"

"네가 꼭 이겨야 한다는 반 친구 있지?"

"윤시인?"

"그래, 걔. 그 애가 작년에 항상 1등을 했고 국어 점수도 100점이라며. 그 애한테 뭔가 비결이 있을 거야."

"비결은 무슨……. 비결은 오빠가 가르쳐 주어야지?"

"물론 앞으로 이 오빠의 비법을 하나씩 가르쳐 줄게. 일단 너랑 같은 수업을 듣는 그 애가 어떤 태도로 수업을 듣는지 분석하는 것이 먼저야. 원래 같은 또래 중에 잘하는 애가 하는 방법이 가장 좋은 비법이기도 해."

'같은 또래 중에 잘하는 애'라는 말에 나는 돌 씹은 표정을 지을 수밖에 없었지만, 일단 현실을 인정했다.

"그래, 그럼 뭘 관찰하면 되는데?"

"그 애가 국어 시간에 어떤 태도로 수업을 듣는지 관찰해 봐."

나는 마음이 내키지 않았지만, 일단 오빠가 시키는 대로 하기로 했다.

다음 날 2교시, 국어 시간이다. 다행히 1분단인 내 자리에서도 2분단 앞자리에 앉은 윤시인이 잘 보인다. 윤시인은 종이 울리기 2분 전에 자리에 앉아 교과서를 들추어 보고 있다. 조용히 오늘 배울 내용을 읽어 보는 것 같다.

수업 시간, 선생님은 국어 1단원 인물의 말과 행동을 설명하신다. 윤시인은 색 볼펜을 하나 꺼내 밑줄을 긋고는 무언가를 쓴다. 표정이 매우 진지하다.

'뭘 저렇게 열심히 쓰지?'

수업이 끝난 후에도 윤시인은 책을 바로 덮지 않고 공책을 꺼내 정리한다. 그리고 잠깐 천장을 보면서 중얼중얼 무언가를 외운다. 종이 울리자마자 떠들썩해진 분위기에 섞이지 않고 홀로 동떨어져 있다. 평소에도 항상 습관처럼 저렇게 했었는지 2분간 공책에 정리를 하고 나니 약속이라도 한 듯 친구들이 윤시인에게 말을 건다.

그다음 사회 시간이 끝난 후에도 윤시인은 2분간 공책에 정리를 한다.

'알고 보니 복습을 철저하게 하고 있었네. 나는 종이 울리면 수다 떨기 바빴는데.'

그동안 자세히 관찰한 적이 없어서 잘 몰랐는데, 윤시인은 항상 수업이 끝나면 공책에 정리를 한 후 쉬는 시간을 가졌다. 주변 친구들도 그런 행동에 익숙한 모양이었다. 계속 윤시인의 행동을 관찰하고 있는데, 갑자기 그 녀석이 내 쪽으로 고개를 돌리는 바람에 눈이 마주쳤

다. 윤시인이 의아하다는 표정으로 고개를 갸우뚱했다. 나는 화들짝 놀라 고개를 돌렸다.

'내가 자기를 계속 쳐다보는 것을 눈치챘나?'

"나동화. 너 왜 계속 이쪽을 쳐다보냐? 우리 중에 좋아하는 남자아이라도 있냐?"

또 시작이다. 김상민의 깐죽대는 말투에 나는 발끈했다.

"내가 미쳤니? 너희 같은 아이들을 좋아하게?"

"근데 왜 이쪽을 계속 봐?"

"신경 꺼서. 내 눈으로 어느 쪽을 보든 네가 무슨 상관이야?"

나는 앙칼지게 소리치며 민주와 화장실을 가려고 교실을 나왔다. 김상민의 말보다 윤시인의 의아해하는 표정이 계속 마음에 걸렸다.

'내가 몰래 관찰하는 거 눈치채지는 않았겠지? 오빠가 준 미션이라 수행하기는 했지만, 앞으로는 조심해야겠어.'

그 날 저녁, 오빠에게 관찰 결과를 전달했다. 내 말을 듣자마자 오빠는 그럴 줄 알았다는 듯이 미소를 지었다.

"역시 그 애는 공부 3종 세트를 잘 실천하고 있었구나."

"무슨 홈쇼핑 3종 세트도 아니고, 공부 3종 세트가 뭔데?"

"공부 3종 세트는 바로 '최소한의 예습, 수업 시간에 최대한 집중, 충분한 복습'이야. 수업을 시작하기 전에 교과서를 훑어보면서 오늘 배울 내용은 무엇이고, 교과서에 실린 지문은 무엇인지 살펴보는 거야. 그러면 미리 읽어 보지 않고 수업을 듣는 것보다 그 날 배울 내용이 더 머릿속에 쏙쏙 들어오거든. 그리고 수업 시간에 집중해서 선생님 말씀을 경청해야 해. 수업 중에 선생님이 강조하는 내용에는 국어교과서의 핵심 개념이 담겨 있고, 시험 문제도 거기서 많이 출제되거든. 중요한 내용에는 색 볼펜으로 밑줄도 긋고 별표도 하면서 꼭 필기해 두도록 해."

오빠는 설명을 계속 이어 나갔다.

"마지막으로 2분간 그 수업에서 중요한 알짜 내용만 간단히 복습 노트에 정리하는 거야. 너 복습 노트는 있니?"

"음, 아니 없어."

"너도 이제 고학년인데 복습 노트는 필수지. '에빙하우스의 망각곡선'에 따르면 학습 20분 후에는 배운 내용의 58%밖에 기억하지 못하고, 한 달이 지나면 21%밖에 남아 있지 않다고 해. 이러한 망각을 극복할 수 있는 비법이 바로 복습이야. 배운 후 30분, 12시간, 일주일 후처럼 정기적으로 반복해서 복습하면 그 내용을 100% 기억할 수 있어. 그래서 수업을 들은 직후 복습 노트에 쓰고 외우며 기억에서 바로 사라지지 않도록 하는 거야. 그래야 나중에 공부를 몰아서 하지 않아도 배운 내용을 오랫동안 기억할 수 있어. 시험 전에 이 복습 노트를 다시 한 번 훑어보는 것만으로도 훌륭한 공부가 될 수 있지."

나에게 생소한 용어인 '에빙하우스의 망각곡선'을 들먹이며 이야기하는

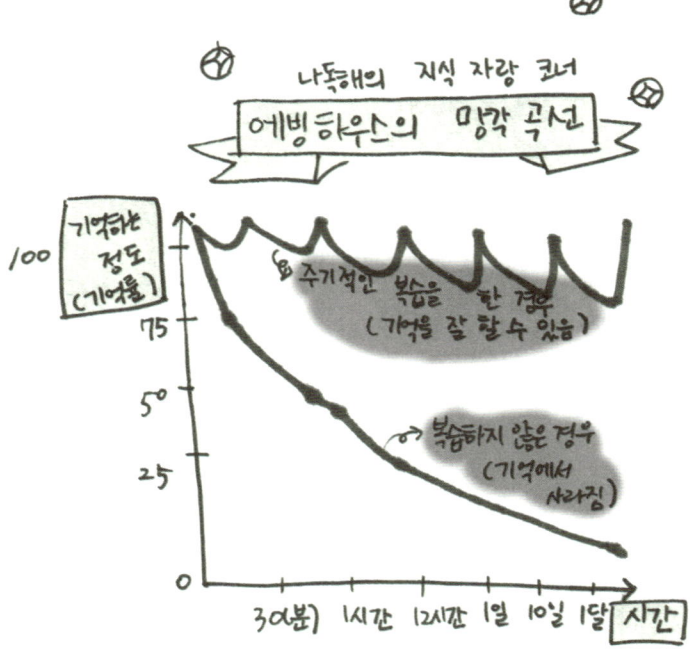

오빠가 갑자기 유식해 보였다. 오빠가 말하는 복습 원리를 이미 실천하는 윤시인도 대단하게 느껴졌다. 나는 당장 복습 노트부터 준비해야겠다고 결심했다.

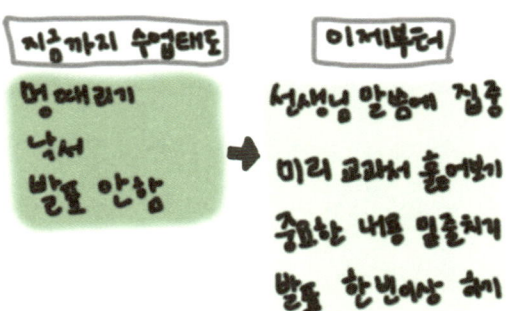

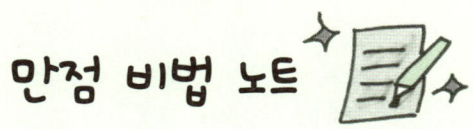

공부 3종 세트와 복습 노트 활용하기 비법

진짜 공부를 잘하는 학생은 시험 전에 벼락치기를 하지 않는다. 평소 생활 속에서 자투리 시간을 활용하여 공부하는 방법을 알고 있다. 공부 3종 세트와 복습 노트를 활용하여 스스로 공부하는 '공부 고수'가 되어 보자.
(다음 비법들은 국어뿐만 아니라 다른 과목에도 적용할 수 있다).

■ **공부 3종 세트**

1 최소한의 예습하기

수업 시작 전에 교과서를 미리 훑어본다. 오늘 배울 학습목표와 지문, 지문과 관련된 교과서 기본 문제를 파악한다. 지나친 예습은 오히려 수업 시간에 흥미를 떨어뜨리고, 이미 다 아는 내용이라는 자만심에 빠지게 할 수 있다. 그 날 학습 내용의 배경이 되는 지식을 만드는 정도로 가볍게 예습한다.

2 수업 시간에 최대한 집중하기

선생님 말씀을 집중해서 듣고, 색 볼펜과 형광펜을 사용해서 중요한 부분에 밑줄을 긋고 간단히 필기한다. 필기에 집중하느라 수업 내용을 놓치지 않도록 주의한다.

3 충분히 복습하기

수업이 끝난 후 바로 복습 노트를 작성한다(바로 복습하지 않으면 기억에서 반 이상 사라진다). 집에서 관련 문제집을 1~2쪽씩 꾸준히 푸는 습관을 들인다. 일주일이나 한 달 후 복습 노트를 읽어 보는 정도로 간단히 복습하면 배운 내용을 오랫동안 기억할 수 있다.

■ **복습 노트를 쓰는 방법**
- 공책 왼쪽에 3cm 정도 간격을 두고 세로선을 하나 긋는다. 선 왼쪽에는 과목과 단원 이름을, 오른쪽에는 내용을 쓴다.
- 길게 쓰지 않고 핵심 내용만 요약하여 정리한다.
- 중요한 부분에는 색 볼펜이나 형광펜으로 표시한다.
- 핵심 내용과 관련된 복습 문제를 2~3문제 정도 직접 만든다(너무 지엽적인 문제, 시험에 전혀 나오지 않을 것 같은 문제를 내지 않도록 주의한다). 객관식 문제, O× 문제, 단답형 문제, 주관식 문제 등 다양한 유형의 복습 문제를 스스로 출제한다.

국어
3. 상황에 알맞은 낱말

<다의어>
• 두 가지 이상의 뜻을 가진 낱말
예) '먹다' ─① 음식 등을 입으로 통하여 배속에 들여보내다.
              (밥을 먹다.)
         ─② 어떤 마음이나 감정을 품다.
              (먹은 마음 변하지 말고 열심히 공부하자.)
         ─③ 나이를 먹다.

<낱말의 뜻을 파악하는 방법>
• 상황, 문맥에서 낱말의 뜻을 짐작할 수 있는 부분을 찾음.
• 바꾸어 쓸 수 있는 낱말을 떠올려 보고 바꾸어 쓸 수 있는 낱말을 넣어 뜻이 통하는지 생각함.

복습문제

Q1. 다음에서 쓰인 '틈' 대신에 넣을 수 있는 낱말은?
   친구들과 서로 간에 틈이 생기지 않도록 배려하자.

   ① 길이 ② 거리 ③ 우정 ④ 관계

                              A. ② 거리.

Q2. 두 가지 이상의 뜻을 가진 낱말을 무엇이라고 하는가?

                              A. 다의어.

Q3. 다음에 쓰인 '길'의 뜻이 서로 같은가?
(O X) 1. 길에서 동전을 주웠다. → 사람이나 자동차 등이 지나가는 땅 위의
       2. 먼 길을 걸어 학교에 도착했다.
         → 걷거나 탈 것을 타고   A. X
            가는 거리. 과정.

2교시

기초 탄탄!
문학 만점 비법 노트

03 현실인 듯, 현실 아닌, 현실 같은 소설

작가의 상상 속 이야기, 소설

"동화야, 내가 재미있는 이야기 하나 들려줄게."
"무슨 이야긴데?"
"한 가난한 여자가 있었어. 가난하지만 항상 씩씩하게 일하는 여자였지. 아르바이트를 하던 카페에서 한 남자를 만났어. 첫 만남에서 두 사람은 싸웠지만, 얼마 후 그 남자와 사랑에 빠졌어. 그런데 남자가 알고 보니 재벌 2세였던 거야. 남자는 '날 이렇게 대한 여자는 네가 처음이야'라며 여자와 사랑에 빠진 거지."

오빠는 재벌 2세 연기에 푹 빠진 것 같았다. 도도한 표정을 지으며 이야기를 이어 나갔다.

"그런데 두 사람이 결혼하려고 남자 집에 인사를 갔는데, 알고 보니 두 사람의 부모는 서로 원수 사이였어. 남자의 아버지가 여자의 아버지 사업을 망하게 한 장본인이었던 거지. 하지만 부모 반대에도 두 사람의 뜨거운 사랑은 식지 않았어. 그러던 어느 날, 여자가 쓰러져. 병원에 갔더니 불치병에 걸렸다는 거야."

"아니, 무슨 말도 안 되는 막장 스토리야?"

"어떻게 이런 일이 있을 수 있냐고? 바로 그거야. 소설은 작가가 상상해서 꾸며 낸 이야기야. 상상해서 꾸며 낸 이야기를 초등학교 교과서에서는 '이야기(동화)'라는 용어로 배우고, 중학교에서는 '소설'이라는 용어로 배워. 소설은 동화보다 범위가 더 넓어. 동화는 글쓴이가 어린이를 대상으로 쓴 이야기고, 소설은 모든 연령을 대상으로 상상하여 쓴 이야기야."

"……."

"물론 현실에서도 우연이 겹치고 겹쳐서 이러한 일이 일어날 수 있지. 나 동화 네가 지금은 좀 그렇지만, 10년 후 미녀로 자라서 백마 탄 왕자님을 만날 수도 있지 않겠니? 물론 그럴 확률은 1%에 수렴하는 것 같지만 말이야."

"그거 칭찬이야, 놀리는 거야?"

나는 눈을 흘기며 볼멘소리로 말했다.

"그래서 소설은 현실에서 실제로 일어난 일이 아닌 사건을 진짜처럼 꾸며서 만든 이야기야. 네가 좋아하는 연예인이 너를 좋아한다고 고백하는 일은 절대로 일어나지 않잖아? 하지만 너는 실제 그런 일이 있는 것처럼 꾸며서 이야기를 쓸 수는 있어. 이것이 바로 소설 같은 이야기란 말이지!"

소설 구성의 3요소 - 인물, 사건, 배경

"개미의 몸은 머리, 가슴, 배로 나누어지잖아. 소설은 무엇으로 나누어질까? 소설을 구성하는 3요소는 인물, 사건, 배경이야. '인사배, 인사를 배를 내밀며 한다'로 기억해 둬!"

오빠는 배를 내밀며 인사하는 시늉을 했다. 그 모습이 우스꽝스러워서 웃음이 터졌다. 저 모습이 대체 어딜 봐서 전교 1등이란 말인가.

"비웃지마. 이렇게 외우면 절대 잊어버리지 않는다고. 진정한 가르침을 위해 온몸을 희생하고 있잖아."

"알았어, 알았어."

"그럼 소설 구성의 3요소를 하나씩 살펴보자. 인물은 이야기에 나오는 사람, 사건은 이야기에서 일어난 일, 배경은 이야기가 벌어지는 시간과 장소를 말해. 또 배경은 사건이 일어난 때인 시간적 배경과 사건이 일어난 장소인 공간적 배경으로 나눌 수 있어."

"예를 들어 『흥부와 놀부』에서 인물은 흥부와 놀부, 사건은 흥부가 제비 다리를 고친 일, 제비가 박씨를 물고 온 일 등이 있지. 이야기의 배경은 옛날(시간적 배경), 농촌(공간적 배경)이고 말이야."

"인물의 성격은 사건의 전개에 영향을 줘. 흥부가 착하기 때문에 제비 다리를 고쳐 주었어. 흥부가 착하지 않고 놀부처럼 제비를 못살게 굴었다면,

박씨에서 금은보화가 아니라 도깨비와 귀신이 나왔을지도 모르지. 이처럼 인물의 성격이 바뀌면 사건의 전개도 바뀌어. 그럼 여기서 질문! 이야기의 배경도 사건 전개에 영향을 줄까?"

"줄 것 같아."

"그렇지. 『방구 아저씨』 배경은 우리나라가 일본에 지배를 받던 일제강점기야. 그래서 일본인 이토 순사에게 방구 아저씨가 괴롭힘을 당하기도 하지. 이렇게 인물의 성격과 이야기의 배경은 사건과 밀접한 관련이 있어. 그리고 사건의 흐름은 인물의 성격과 이야기의 배경에 어울려야 해."

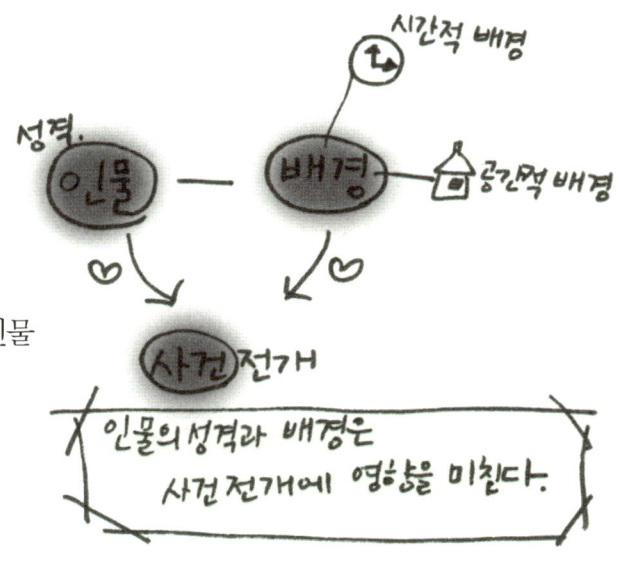

인물끼리 서로 부딪쳐야 재미있지! 소설 속 갈등

"이야기의 사건에서는 '갈등'이 가장 중요해. 갈등은 '칡 갈(葛) 등나무 등(藤)'이란 한자로 된 단어인데, 칡과 등나무가 서로 얽힌 것처럼 사람과 사람 사이의 관계가 복잡하게 얽혀 있는 상태를 말해."

갈등이 칡과 등나무란 한자로 구성되었다는 사실이 신기했다.

"갈등은 소설에서 재미를 담당해. 드라마에서 악역 하나도 없이 서로 손

잡고 오순도순 사이좋게 지낸다면 시청률이 오를까?"

"아니, 그러면 드라마 망하지. 악역이 있어야 해."

"나쁜 인물이 주인공을 방해하기도 하고, 경쟁자끼리 서로 사랑을 쟁취하려고 싸우기도 해야 보는 재미가 있잖아. 그런 것처럼 소설 속 인물의 갈등은 소설을 재미있게 만들어 주는 일등 공신이야."

"갈등은 소설에 꼭 필요하구나?"

"그렇지. 갈등이 없는 소설은 고무줄 없는 팬티요, 앙꼬 없는 찐빵이란다. 그리고 붕어 없는 붕어빵이지."

"붕어빵에는 원래 붕어가 없는데?"

"흠흠, 갈등은 인물과 인물 사이에서 일어나기도 하지만, 한 인물의 마음속에서 나타나기도 해. 네가 자장면을 먹을까 짬뽕을 먹을까 고민하고, 학원을 땡땡이칠까 말까를 고민하는 것도 다 갈등이라고 할 수 있지."

"저번에 나 땡땡이친 거 엄마한테 이야기하기만 해!"

"알았어. 그걸 협박하려고 이 이야기를 꺼낸 건 아냐, 동화야. 나 그렇게 비겁한 사람 아니다. 그리고 냉혹한 세상에서 순수한 마음을 지키고 싶은 나의 갈등, 바로 인물과 사회의 갈등도 있을 수 있단다. 나처럼 순수한 영혼이 살아가기에 이 세상은 너무 힘든 곳 같아. 항상 갈등과 고뇌를 하고 있지."

'아, 또 시작이다.' 잘난 척과 과장된 연기, 엉뚱한 개그만 조금 견디면, 나독해 오빠의 강의는 귀에 쏙쏙 들어왔다. 소설이 무엇인지 한층 더 잘 알게 된 것 같다.

"중학생이 되어서 더 바빠지기 전에 좋은 소설을 꾸준히 읽어 두면 앞으로 국어 공부의 탄탄한 주춧돌이 되어 줄 거야. 또 소설에는 세상의 여러 가지 모습, 다양한 사람의 모습이 들어 있으니 인생 공부도 되지. 그런 의미에서 오늘 너에게 '독서 빙고 미션'을 줄게."

"독서 빙고 미션?"

오빠의 강의를 듣다 보면 생각지도 못한 미션이 튀어나온다. 마치 〈K팝스타〉나 〈슈퍼스타K〉 같은 오디션 프로그램 참가자가 된 기분이다. '그럼 나는 〈K국어공부스타〉 참가자인 건가?'

"이 독서 빙고판에는 내가 읽은 책 중에서 추천할 만한 것을 모아 놓았어. '읽고 싶은 책' 칸에는 네가 읽고 싶은 책을 읽고 제목을 쓰면 돼. 읽을 때마다 표시해서 빙고 다섯 줄 만들어 오면 선물 줄게."

"오! 선물?"

제목을 본 적이 있는 책도 있고, 처음 보는 책도 있었다. 얼른 독서 빙고를 완성해야겠다는 의욕이 불타오른다. 어떤 책부터 읽을까. 『빨간 머리 앤』 아니면 『모모』? 나는 설레는 마음으로 읽을 책을 골랐다.

독서 빙고판

어린 왕자	빨간 머리 앤	모모	15소년 표류기	**읽고 싶은 책 :**
이상한 나라의 앨리스	장발장	샬롯의 거미줄	나의 라임오렌지나무	톰 소여의 모험
너도 하늘말나리야	몽실 언니	거짓말 학교	빨강 연필	나는 진짜 나일까
책과 노니는 집	초정리 편지	무기 팔지 마세요!	자전거 도둑	마당을 나온 암탉
읽고 싶은 책 :	괭이부리말 아이들	우리들의 일그러진 영웅	아주 특별한 우리형	문제아

※ 여러분도 함께 독서 빙고판을 채워 보세요.

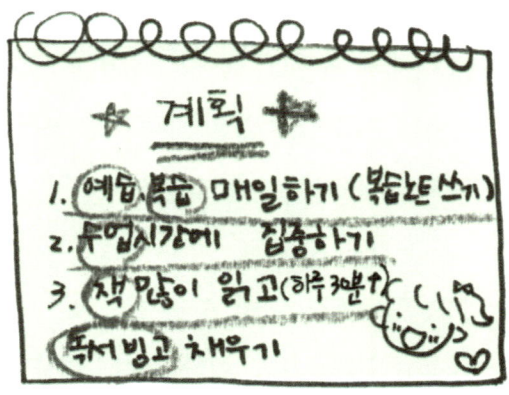

만점 비법 노트

소설(이야기)의 재미 속으로 Go, Go!
☞ 교과 연계 : 6학년 1학기 7. 이야기의 구성

　국어 공부의 가장 중요한 비법은 '책 읽기'다. 책을 많이 읽으면 자연스럽게 독해력, 어휘력, 사고력이 자라면서 국어 실력이 전반적으로 향상한다. 좋아하는 책, 왠지 끌리는 책부터 찾아서 읽어 보자. 잘 읽히는 책부터 즐겨 읽기 시작해서 '글밥'이 많고 제법 어려운 책도 술술 넘기는 수준이 된다면 국어 실력이 탄탄해진 것이다.

　동화, 소설은 초등학교 국어교과서와 중학교 국어교과서에서 많은 비중을 차지한다. 소설을 그냥 읽으면 읽는 맛이 떨어져 재미가 없다. 주인공의 마음도 짐작해 보고, 언제 일어난 일인지 소설 속 배경도 살펴보자. 작가가 독자에게 어떤 이야기를 전하고 싶은 건지 소설 주제도 생각해 보면서 소설을 냠냠, 쩝쩝 맛있게 꼭꼭 씹어 감상해 보자.

■ 소설
　- 소설(이야기)은 있음직한 이야기를 글쓴이가 상상해서 쓴 것이다.
　- 소설 중에 동화는 글쓴이가 어린이를 대상으로 쓴 이야기다.

- **소설(이야기) 구성의 3요소**
  - 인물 : 이야기에 나오는 사람이다.
  - 사건 : 이야기에 나오는 일이다.
  - 배경 : 이야기가 일어나는 시간과 장소(시간적 배경 – 이야기가 일어난 시간, 공간적 배경 – 이야기가 일어난 장소)다.

- **인물, 배경과 사건 전개의 관계**

  인물의 성격과 이야기의 배경은 사건 전개에 영향을 미친다.

  『원숭이 꽃신』에서 인물의 성격이 사건 전개에 미치는 영향
  - 단순하고 어리석은 원숭이의 성격 → 오소리가 원숭이 마을의 먹이를 빼앗아 먹으려고 원숭이에게 꽃신을 선물한다. 원숭이가 오소리의 칭찬과 아첨에 우쭐해져서 꽃신을 신는다.
  - 교활한 오소리의 성격 → 원숭이가 꽃신을 만드는 방법을 가르쳐 달라고 했지만, 오소리는 가르쳐 주지 않는다. 오소리는 꽃신 값을 점점 올리고, 원숭이를 마음대로 부려 먹는다.

  『온양이』의 배경
  - 시간적 배경 → 6.25 전쟁이 나고, 흥남 철수 작전을 벌이던 시기(사건이 언제 일어났는지 알 수 있는 부분 – 전쟁, 피란, 중공군, 미군 철수, 군 철수 작전)
  - 공간적 배경 → 함흥 – 흥남 부두 – 온양호

- **소설을 감상하는 방법**
  - 인물의 말과 행동에서 인물의 성격이 어떠한지 파악한다.
  - 마치 내가 그 인물인 것처럼 상상하여 인물의 마음을 느껴 본다.
  - 인물 사이의 관계는 어떠한지, 소설에서 어떤 갈등이 일어나는지 파악한다.
  - 작가가 이 작품으로 전하고 싶은 생각(소설의 주제)이 무엇인지 파악한다.
  - 등장인물의 명대사나 아름다운 표현을 찾아본다.
  - 소설을 읽고 느낀 점을 노트에 쓴다.

중학국어 톡! Talk?

- **소설의 갈등**

  갈등은 서로 생각이나 처한 상황이 달라서 부딪치는 것이다.

- **갈등의 종류**

  갈등은 내적 갈등과 외적 갈등으로 나눈다.

  - 내적 갈등 : 한 인물의 내면에서 일어나는 갈등이다.
  - 외적 갈등 : 인물 대 인물의 갈등(『방구 아저씨』에서 이토 순사와 방구 아저씨 사이의 갈등), 인물 대 사회의 갈등(『방구 아저씨』에서 일본에서 독립하는 세상이 오기를 바라는 방구 아저씨와 일제강점기 사이의 갈등), 인물 대 자연의 갈등(『노인과 바다』에서 노인과 거친 바다, 거대한 물고기 사이의 갈등)이다.

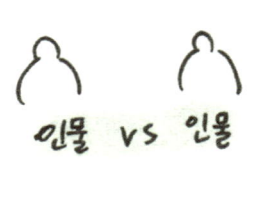

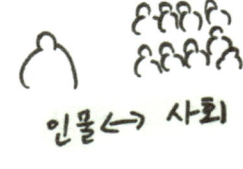

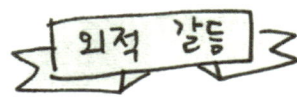

- **소설의 전개 방식**
  - 서사 : 시간의 흐름에 따른 사건의 진행을 나타낸다.
  - 묘사 : 사물의 모습이나 상황을 그리듯이 표현한다.

    예 『메밀꽃 필 무렵』

    달빛이 비치는 메밀꽃밭을 생생하게 묘사한다.

    "달은 지금 긴 산허리에 걸려 있다. 밤중을 지난 무렵인지 죽은 듯이 고요한 속에서 짐승 같은 달의 숨소리가 손에 잡힐 듯이 들리며, 콩 포기와 옥수수 잎새가 한층 달에 푸르게 젖었다. 산허리는 온통 메밀밭이어서 피기 시작한 꽃이 소금을 뿌린 듯이 흐뭇한 달빛에 숨이 막힐 지경이다."
  - 대화 : 인물이 주고받는 말로 내용을 전개한다.

- **소설의 특성**
  - 허구성 : 사실이 아닌 꾸며 낸 이야기다.
  - 개연성 : 실제로 일어날 만한 이야기다.
  - 진실성 : 삶의 진실을 추구하고 바람직한 인간의 모습을 찾는다.
  - 서사성 : 인물, 사건, 배경과 일정한 줄거리를 이용하여 사건을 전개한다.

- **소설의 복선**

  아침에 거울이 깨져서 불길했는데 저녁에 다쳤다거나 안 좋은 꿈을 꾸어서 기분이 찜찜했는데 부모님께 크게 혼이 나는 등 불길한 예감이 딱 들어맞을 때가 있다. 이를 바탕으로 소설을 쓴다면 거울이 깨진 일과 안 좋은 꿈을 꾼 것은 소설의 '복선'이라고 할 수 있다. '복선'은 앞으로 다가올 상황을 넌지시 암시하는 이야기의 장치를 의미한다.

04 계주 달리기에서 굴욕을 맛보다

상처 입은 자존심 – 나동화 이야기

　오늘은 어린이날 기념 체육대회를 하는 날이다. 지난주에 우리 반 자체 예선을 거쳐 나와 윤시인이 각각 남녀 계주 대표로 뽑혔다. 작년에는 계주 대표가 아니었지만, 올해는 1초 차이로 2등을 제치고 뽑혔다.

　홀수 반은 청군이고, 짝수 반은 백군이다. 5반인 우리는 청군을 나타내는 파란색 조끼를 입었다. 결전의 시간, 나는 출발선 앞에 섰다. 저쪽에서 달려온 윤시인이 파란색 바통을 건네면 그것을 빨리 잡고는 달려야 한다.

　'잘해야 돼!'

　손에 땀이 찼다. 입도 바싹바싹 말랐다. 멀리서 이를 악물고 뛰어오는 윤시인이 보였다. 점점 가까워졌다. 실수 없이 한 번에 잡아야 한다.

　"나동화, 잡아!"

　윤시인이 건네주는 바통을 잡았다. 다급하게 바통을 건네는 윤시인의 표정에서 안도감이 스쳐 지나갔다.

"앗!"

전속력으로 달리려는 찰나, 백군 김영만이 나를 밀쳐서 넘어졌다. 넘어지면서 바통도 떨어뜨리고 말았다.

"야, 다시 잡아!"

누군가 소리쳤다. 백군 대표의 등이 점점 멀어지고 있었다.

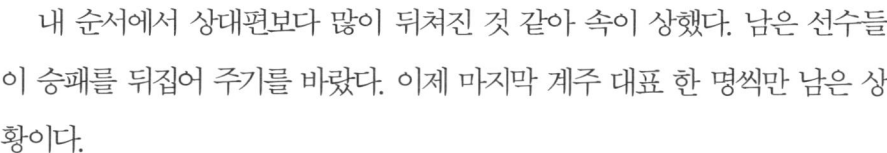

나는 떨어진 바통을 얼른 집고는 다시 뛰었다. 무릎에서 피가 나고 쓰라렸지만, 남아 있는 힘을 쥐어짜서 달렸다.

내 순서에서 상대편보다 많이 뒤처진 것 같아 속이 상했다. 남은 선수들이 승패를 뒤집어 주기를 바랐다. 이제 마지막 계주 대표 한 명씩만 남은 상황이다.

"청군, 이겨라! 청군, 이겨라!"

목이 터져라 청군을 응원했다. 청군이 지면 내 탓인 것 같아서 걱정이 되었다.

"아……."

작은 차이로 청군 선수가 늦게 들어왔다. 우리 반 아이들이 있는 스탠드에 가니 다들 실망한 표정이었다. 그래도 몇몇 친구와 선생님은 격려를 해 주었다.

"동화야, 다리 괜찮아? 보건실 가자."

"고생했어."

체육대회가 끝난 후 교실로 올라갔다. 김상민을 비롯한 남자아이들이 나에게 비난의 화살을 던졌다. 내가 넘어지는 바람에 우리 반이 속한 청군이 졌다는 것이다.

"나동화, 너 때문에 청군이 졌잖아."

"맞아, 어떻게 책임질 거야?"

"야, 너희 시력이 잘못됐니? 동화가 잘못한 게 아니라, 2반 김영만이 밀쳐서 넘어진 거잖아."

"알아서 피해야지. 시인이가 다 따라잡아 놓은 걸 쟤가 망쳤잖아."

민주가 내 편을 들어 주었지만, 남자아이들에게는 전혀 먹히지 않았다.

"야, 너 계주 달리기 대표에게만 주는 공책 반에 기증해. 너는 받을 자격이 없어."

"그래, 맞아. 너보다 거북이가 더 잘 달리겠다."

억울했다. 밀쳐서 넘어진 것도, 다친 것도 속상한데 나 때문에 졌다는 비난까지 들어야 하다니…….

어째 5학년이 된 이후로 운수가 좋지 않다. 안 좋은 일투성이다. 부끄러워서 반 아이들 얼굴을 볼 수가 없다.

윤시인도 내 쪽을 바라보고 있었다. 표정이 좋지 않았다. 다른 남자아이들처럼 대놓고 뭐라 하지는 않았지만, 아마 나를 한심하게 생각하고 있을 것이다.

교실에 도저히 있을 수가 없었다. 이 공간에서 벗어나고 싶었다. 자꾸 눈물이 날 것 같아서 화장실에 들어가 숨었다. 눈물을 그치고 얼굴이 말끔해지면 나가려고 했다. 10분 정도 화장실에서 숨어 있다 나가려는데 아이들의 말소리가 들렸다.

"걔 전교부회장 되더니 잘난 척하지 않아?"

"맞아, 전교부회장도 운이 좋아서 된 거면서. 계주도 걔 때문에 졌잖아. 짜증나."

"그건 김영만이가 밀어서 그런 거라던데?"

"그래도 빨리 일어나서 뛰어야지. 천천히 달려서 우리가 졌잖아."

"그건 그래. 게다가 저번에 윤시인 엄마 돌아가신 이야기할 때 말이야, 그런 이야기를 왜 하냐고 정색하면서 말하는데 나 민망해 죽을 뻔했잖아."

"뭐야, 혼자 진지 열매라도 먹었냐? 혼자 진지하고 난리야."

"채민주 빼면 같이 놀아 줄 애도 없을 걸. 처음에는 인기 많은 줄 알았는데, 알고 보니 친구 별로 없더라."

"솔직히 성격이 별로니까 친구가 거의 없지. 안 그래?"

화장실 밖에서 들리는 이야기의 주인공이 나라는 사실을 알아차리기까지 몇 분 정도 걸렸다. '전교부회장'이라는 말이 나와서 처음에는 윤시인 욕을 하나 싶었는데, 계주 이야기를 들어 보니 내 이야기였다. 목소리를 들으니 어느 무리의 아이들인지 대충 짐작이 갔다. 백장미와 같이 다니는 아이들이었다.

백장미네 아이들과는 학기 초에 잠깐 친했다가 성격이 맞지 않아 서먹서먹해졌다. 친해져 보니 그 아이들은 기가 세고 남 이야기를 즐겨 했다.

눈물을 그치려고 화장실에 숨어들었는데, 쑥덕쑥덕 뒷이야기까지 듣게 되었다. 당장 문을 열고 나가서 그 아이들을 당황하게 하고 싶었지만, 얼굴 꼴이 말이 아니라 나갈 수도 없었다. 몸도 마음도 아픈 최악의 하루였다. 나는 다친 다리를 핑계로 급식을 먹지 않고 조퇴를 했다.

"엄마, 나 오늘 학교 안 가면 안 돼?"
"아침부터 무슨 뚱딴지같은 소리야. 빨리 아침 먹고 학교 가!"
다음 날 아침, 엄마에게 엄살을 부려 보았지만, 엄마는 눈 하나 깜빡하지 않았다. 물 먹은 솜처럼 무거운 몸을 이끌고 교실에 들어섰다. 남자아이들이 또 뭐라고 할까 봐 걱정이 되었다. 다행히 더 이상 어제 이야기를 꺼내는 아이들은 없었다.
1교시가 시작되기 전, 아침 자습 시간에 2반 김영만이 나를 찾아왔다.
"야, 나동화. 잠깐 나와 봐."
나는 삐죽해진 눈으로 김영만을 노려보았다. '다 네 녀석 때문이야!'
"왜? 또 시비 걸려고 왔냐?"
"어제 미안했다."
"뭐가?"
"내가 밀쳐서 너 넘어진 거 말이야."
천하의 김영만이 먼저 사과를 하다니 내일은 서쪽에서 해가 뜰 모양이다.

"암튼 나는 사과했다."

엄청나게 성의 없는 마무리를 한 후 김영만은 머리를 긁적이며 자기 반 교실로 돌아갔다. 이상했다. 김영만이 틈만 나면 다른 아이를 괴롭히는 녀석이라는 것을 잘 알기에 더욱 놀라웠다.

"김상민, 김영만이 동화한테 사과하는 거 봤지? 쟤도 인정하잖아, 자기가 잘못했다고. 지금부터 동화한테 뭐라고 하지 마."

민주가 또 내 편을 들어 주며 남자아이들을 나무랐다.

"쳇."

김영만이 일단 수그리고 사과를 했기 때문에 더 이상 남자아이들도 나에게 뭐라 하지 못했다. 하지만 이미 상한 자존심을 회복하기는 힘들었다.

그 애한테 사과 해! - 윤시인 이야기

"야, 윤시인 엄마 2학년 때 암으로 돌아가셨대."

남자 화장실과 여자 화장실은 서로 붙어 있다. 문이 열려 있으면 서로 떠드는 이야기까지 들을 수 있다. 그 날 여자 화장실 수다의 주인공은 나였다.

온몸의 잔털이 곤두서는 느낌이다.

"어머, 정말? 그렇게 안 보이는데. 고생 하나도 안 하고 자란 부잣집 도련님 느낌이잖아."

"그러게, 안됐다. 우리 엄마가 돌아가신다고 생각하면 상상이 안 가."

몇몇 아이가 호들갑을 떤다. 사실 저런 반응에는 익숙하다.

"그런 이야기를 왜 해? 그건 걔 개인 사정이잖아. 난 관심 없어."

우리 반 나동화 목소리다. 굳이 남의 집 사정까지 이야기해야 되느냐는 말투다. 나는 피식 웃고 말았다.

어설픈 동정보다는 그 애의 적당한 무관심이 백만 배는 더 고마웠다. 나는 그 날 이후로 나동화에게 호감을 가졌다. 그렇지만 왠지 그 애는 나를 별로 좋아하지 않는 것 같다. 나만 보면 얼굴 표정이 좋지 않다.

오늘은 어린이날 기념 체육대회를 하는 날이다. 지난주에 우리 반 자체 예선을 거쳐 나와 나동화가 각각 남녀 계주 대표로 뽑혔다. 나는 작년에 이어 올해도 대표가 되었다.

출발 전 조끼를 입을 때 나동화의 표정을 보니 잔뜩 긴장해 있다. 긴장하면 실수하기 마련이다. 긴장하지 말고 편한 마음으로 달리라고 말해 주려다가 괜히 잘난 체한다고 생각할까 봐 관두었다.

　내 차례가 되었다. 온 힘을 다해 달렸다.

　"나동화, 잡아!"

　나동화에게 바통을 잘 전달했다. 이제 내 임무는 끝났다. 안도의 한숨을 내쉬었다. 그런데 김영만이 자기 바통을 받다가 세게 밀치는 바람에 나동화가 넘어지고 말았다.

　나동화의 무릎에서 피가 났다. 무릎이 많이 까진 것 같다. 계주 달리기가 끝난 후 보니 절뚝이며 걸었다. 부축해 주려다 괜히 나서는 것 같아서 또 관두었다.

　"나동화, 너 때문에 청군이 졌잖아."

　"맞아, 어떻게 책임질 거야?"

　"야, 너희 시력이 잘못됐니? 동화가 잘못한 게 아니라, 2반 김영만이 밀쳐서 넘어진 거잖아."

　"알아서 피해야지. 시인이가 다 따라잡아 놓은 걸 쟤가 망쳤잖아."

　몇몇 남자아이가 나동화를 비난하기 시작했다. 김영만이 반칙을 쓴 것이지 쟤는 잘못이 없는데 말이다.

　"야, 너 계주 달리기 대표에게만 주는 공책 반에 기증해. 너는 받을 자격이 없어."

　"그래, 맞아. 너보다 거북이가 더 잘 달리겠다."

　아이들이 하는 비난이 도를 넘은 것 같았다. 나동화의 얼굴이 하얗게 질렸다. 눈에는 눈물이 그렁그렁하다. 사실 잘못한 일도 없는데, 안됐다는 생각이 들었다.

　집에 가는 길에 앞에서 걷고 있는 김영만을 보았다. 영만이와는 작년에 같은 반이었는데, 매일 축구를 같이 했다. 영만이는 약한 친구들을 괴롭히는 편이지만, 내 말은 곧잘 들어주었다. 영만이를 불렀다.

"김영만!"

"어, 윤시인!"

"너 아까 나동화 넘어뜨린 거 사과했어?"

"사과? 달리다 보면 그럴 수도 있지."

"너는 남자가 되어서 여자아이를 울려 놓고는 사과도 안 하냐? 무릎도 까졌던데. 걔 지금 청군이 졌다고 우리 반 아이들한테 엄청 욕먹고 있으니까, 네가 사과라도 해."

"걔는 뭘 그런 걸로 울고 그런대? 꼭 해야 돼?"

"네가 밀쳐서 넘어뜨린 거, 내가 두 눈으로 확실히 봤어. 진심으로 사과하면 더 이상 문제 삼지 않을 테니까, 사과하고 깔끔하게 끝내."

　나는 정색하고는 한 단어씩 힘을 주어 말했다. 영만이는 불만이 가득한 표정을 지었지만, 마지못해 고개를 끄덕였다.

만점 비법 노트

말하는 이의 관점을 바꾸는 비법

☞ 교과 연계 : 5학년 2학기 11. 문학 작품을 새롭게

　5학년 국어교과서에 '늑대가 알려 주는 아기 돼지 삼형제' 이야기가 있다. 원작 『아기 돼지 삼형제』를 늑대의 관점에서 다르게 바라본 이야기다. 늑대의 입장에서 바라보면 늑대도 억울한 부분이 있다. 제목이 『진짜 헨젤과 그레텔 이야기』인 동화도 있다. 원작 『헨젤과 그레텔』에 나오는 마녀의 입장에서 다시 들려주는 이야기다. 알고 보면 마녀에게도 나름 사정이 있고, 헨젤과 그레텔은 굉장히 장난기 많은 아이들이라는 것이다. 이처럼 이야기에서 말하는 이가 누구인지에 따라, 말하는 이의 관점에 따라 같은 상황과 같은 인물도 전혀 다르게 느껴질 수 있다.

■ 말하는 이(화자)
　－ 작품 속에서 이야기를 전달하는 사람이다.
　－ 작가가 이야기를 효과적으로 전달하려고 내세운 인물이다.

■ 관점
　말하는 이가 어떤 대상이나 상황을 생각하는 태도를 의미한다.

- **작품에서 말하는 이의 관점을 찾는 방법**
    - 말하는 이가 누구인지 찾는다.
    - 말하는 이가 말하고 싶어 하는 것이 무엇인지 찾는다.
    - 말하는 이가 인물이나 사건을 어떻게 생각하는지 찾는다.

	상처 입은 자존심	그 애한테 사과 해!
말하는 이	나동화	윤시인
같은 사건(동화가 넘어진 일)에서 말하는 이의 관점	윤시인이 자신을 한심하게 생각한다고 판단	억울하게 넘어진 나동화를 안쓰럽게 생각
김영만이 한 사과에서 말하는 이의 관점	김영만이 사과를 해서 어리둥절(시인이가 사과하라고 시켰다는 것은 모른다.)	영만이에게 사과하라고 함

※ 말하는 이의 관점이 달라지면 같은 사건이나 인물도 서로 다른 의미로 해석할 수 있다.

- **다른 이의 관점에서 이야기 바꾸어 쓰기**
    - 글을 읽고 말하는 이의 관점을 찾아본다.
        - 예 '상처 입은 자존심'에서 말하는 이 : 나동화
    - 여러 인물의 관점에서 인물과 사건을 바라본다.
        - 예 같은 계주 달리기 대표인 윤시인의 관점, 동화를 밀어뜨린 김영만의 관점, 화장실에서 뒷이야기를 하는 아이들의 관점 등
    - 말하는 이를 선택한다.
        - 예 윤시인
    - 주요 인물과 사건을 정리한다.
        - 예 계주 달리기에서 넘어져 청군이 진 일

- 주요 인물과 사건에서 말하는 이의 관점을 정한다.

    예
    - 나동화가 자신의 개인 사정에 무관심했던 일의 관점 : 남의 집 가정사를 들먹이지 않은 점이 마음에 들었다.
    - 나동화가 넘어진 일의 관점 : 나동화의 잘못이 아니라, 김영만의 잘못이므로 사과를 해야 한다.
- 이야기의 제목을 바꾼다.

    예 그 애한테 사과 해!

중학국어 톡! Talk?

- **시점**

  말하는 이(화자)가 이야기를 서술하는 관점이다. 같은 사건, 같은 인물이라도 그것을 바라보고 이야기하는 관점에 따라 작품이 달라진다.

  - 1인칭 주인공 시점 : 작품 속 주인공인 '나'가 이야기를 서술한다. 이 책은 주인공인 나동화가 계속 이야기를 서술하므로 1인칭 주인공 시점의 이야기다. 1인칭 주인공 시점에서는 주인공의 생각이나 느낌을 쉽게 알 수 있다. 그러나 다른 인물의 마음이나 '나'가 없는 곳에서 일어난 사건은 알 수 없다. 나동화가 주인공인 시점의 이야기에서 윤 시인의 진짜 속마음이나 동화가 없었던 곳에서 일어난 일은 알 수가 없다.

    예 목이 터져라 청군을 응원했다. 청군이 지면 내 탓인 것 같아서 걱정이 되었다.

  - 1인칭 관찰자 시점 : 작품 속 '나'가 주인공과 다른 등장인물을 관찰하며 이야기를 서술한다. 주인공의 말이나 행동, 사건을 관찰한 대로 나타내고 평가할 수 있다. 그러나 주인공의 깊은 속마음까지는 알기 어렵다.

㉡
- 우리 반 나동화 목소리다. 굳이 남의 집 사정까지 이야기해야 되느냐는 말투다. 나는 피식 웃고 말았다. 어설픈 동정보다는 그 애의 적당한 무관심이 백만 배는 더 고마웠다.
- 나동화의 무릎에서 피가 났다. 무릎이 많이 까진 것 같다.

― 전지적 작가 시점 : 마치 신의 위치에서 모든 등장인물을 내려다보듯이 인물의 마음속 생각이나 행동을 나타낼 수 있다.

㉡
- 동화는 억울해서 눈물이 났다. 다시 시간을 되돌리고 싶었다.
- 시인이는 다친 동화가 안쓰러웠다.

― 3인칭 관찰자 시점 : 등장인물의 행동이나 말, 겉모습을 객관적으로 나타낸다. 말하는 이가 겉으로 관찰한 내용만 전달하기 때문에 인물의 생각이나 마음을 알기 어렵다.

㉡ "나동화, 너 때문에 청군이 졌잖아." 상민이는 비아냥거리는 목소리로 말했다. 동화의 입술이 파르르 떨렸다.

■ **소설의 구성 단계**

소설의 구성 단계는 소설에서 사건이 진행되는 단계를 의미한다. 소설의 여러 가지 사건은 시간의 흐름이나 원인과 결과에 따라 짜임새 있게 진행된다.

- 발단 : 등장인물과 배경을 소개하고 사건의 실마리를 제시하는 단계다.
- 전개 : 사건이 전개되고 갈등이 시작되는 단계다.
- 위기 : 갈등이 깊어지고 긴장감이 생기는 단계다.
- 절정 : 갈등과 긴장이 최고조에 이르는 단계다.
- 결말 : 인물의 운명이 결정되며 갈등이 해소되는 단계다.

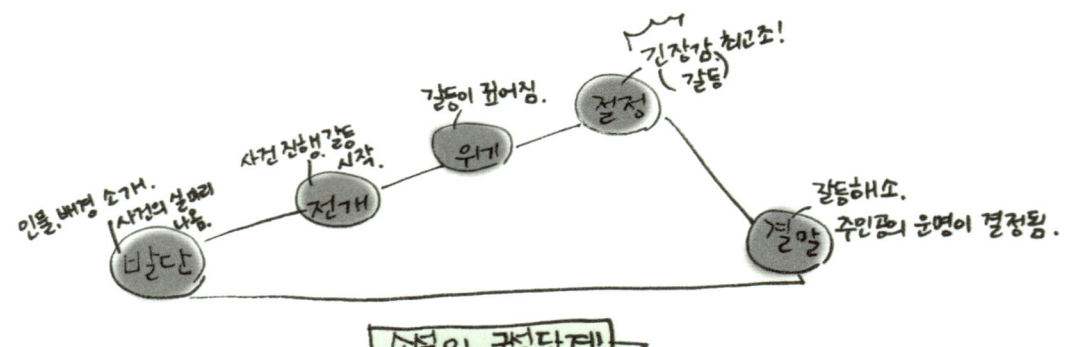

📌 '계주 달리기에서 굴욕을 맛보다'의 구성 단계

- 발단 : 나동화, 윤시인이 5학년 5반 계주 대표로 뽑히다.
- 전개 : 계주 달리기에 나가다. 나동화가 긴장을 하며 바통을 건네받으려고 준비하다.
- 위기 : 김영만이 밀치는 바람에 나동화가 넘어져서 바통을 떨어뜨리다.
- 절정 : 계주 달리기에서 5반이 속한 청군이 지게 되고, 반 아이들은 동화 때문에 우리 편이 졌다고 비난하다. 반 아이들과 나동화 사이에 갈등이 커지다.
- 결말 : 윤시인의 도움으로 김영만의 사과를 받다. 반 아이들도 더 이상 동화에게 대놓고 뭐라고 하지 않는다.

05
지금 내 마음은 공사 중이다

"오늘은 시의 세계로 들어가 보자. 시의 세계에 풍덩 빠질 준비가 되었나, 마이 브라더!"

"〈쇼미더머니〉야? 그리고 나는 여동생이니까 시스터 아냐?"

"너를 여동생이라기보다는 남동생처럼 생각하고 있다, 브라더!"

남동생처럼 생각한다는 말에 오빠를 째려보았다. 최근에 힙합에 심취한 오빠는 어디서 구해 왔는지 모를 요상한 모자를 삐딱하게 쓰고는 강의를 시작했다.

"우리가 영화나 드라마를 재미있게 볼 수 있는 방법에는 어떤 것이 있을까?"

"글쎄, 푹 빠져서 보는 거?"

"맞아. 그런데 푹 빠져서 보려면 주인공의 마음에 감정이입을 해야 해. 내가 주인공이 된 것처럼 느껴야 재미있다는 거지. 시도 마찬가지야. 시에서 말하는 이의 마음을 느낄 수 있어야 시를 잘 감상할 수 있어. 우리가 시나 소설을 읽는 가장 큰 이유는 다양한 사람의 마음에 감정이입을 하면서 공감 능력을 키울 수 있기 때문이지. 시나 소설을 읽으면서 다양한 삶의 모습을 이해하게 되는 거지."

> 나는 풀잎이 좋아, 풀잎 같은 친구 좋아
> 바람하고 엉켰다가 풀 줄 아는 풀잎처럼
> 헤질 때 또 만나자고 손 흔드는 친구 좋아

"〈풀잎과 바람〉이라는 시야. 이 시에서 친구를 무엇에 빗대어 표현했니?"
"풀잎에 빗대어 표현했어."
"바람하고 엉켰다가 풀 때의 모습이 헤어질 때 또 만나자고 손 흔드는 친구 같아서 풀잎 같은 친구가 좋다고 했어. 너도 한 번 생각해 봐. 네가 교실에 들어갔을 때 '어서 와' 하면서 반겨 주는 친구가 좋지, 쌩한 친구는 별로잖아. 그치?"
"그렇긴 하지."
"글쓴이도 바람에 흔들리는 풀잎처럼 반갑게 손 흔드는 친구가 좋다고 생각한 거야. 이렇게 어떤 사람이나 사물을 다른 사물에 빗대어 표현하는 것을 비유적 표현이라고 해. '치타처럼 빠른 나독해, 보석처럼 빛나는 나독해, 우유 빛깔처럼 맑은 나독해' 같은 표현을 말하지. 시에서는 비유적 표현으로 사물을 표현해."

나는 '풀잎 같은 친구'라는 예쁜 표현을 듣다가 '보석처럼 빛나는 나독해, 우유 빛깔처럼 맑은 나독해'라는 표현을 듣자 저절로 인상이 찌푸려졌다.

"〈풀잎과 바람〉에서는 어떤 표현이 여러 번 나오지?"

"풀잎도 좋다고 하고, 친구도 좋다고 하고. '좋아'라는 말이 많이 나오네."

"맞아, '좋아'라는 말을 반복해. 이렇게 같은 낱말이나 구절을 반복하면 읽었을 때 노래하듯 리듬감이 생겨."

라미 라미 맨드라미

라미 라미 귀뚜라미

"이 시에서는 어떤 낱말을 반복하지?"

"'라미'를 반복해. 맨드라미, 귀뚜라미."

"같은 말을 반복하면 랩을 하는 것처럼 리듬감이 느껴져. 시를 읽을 때 느껴지는 말의 리듬을 운율이라고 해. 이건 내가 지은 랩인데 한번 들어 봐. 랩도 하나의 시라고 할 수 있단 말이지."

오빠는 옆에 있는 물병을 마이크 삼아 몸을 흔들고 침을 튀기며 랩을 시작했다.

"옙, 베이베, 마이크 체크 원투, 원투! 기분 좋은 예감, 도화지에 물감을 칠하듯이 나타나는 나의 영감! 뭘 잘 모르는 영감들은 내 랩이 별로라고 하지, 예! 이제 와서 말하지만 나는 절대음감, 굴하지 않고 보여 주는 나의 음악에, 너는 동감~!"

운율을 가르쳐 주려고 힙합으로 수업을 시작했나? 정말 가지가지 한다 싶었지만, 열정 넘치는 수업이라고 긍정적으로 생각하기로 했다.

"예감, 물감, 영감, 동감 등 '감'으로 끝나는 낱말을 반복하면서 리듬감이 느껴지지? 이게 바로 운율이야. 알았나, 마이 시스터?"

조금 정신은 없었지만, 어쨌든 오빠의 랩 덕분에 중학생이 되어도 운율이라는 단어는 절대 잊지 않을 것 같다.

"이번에는 〈목련 그늘 아래서는〉을 읽어 볼게. 두 눈을 꼭 감고, 장면을 떠올리며 들어 봐."

오빠는 낭송을 시작했다. 랩에 낭송까지 물 만난 물고기처럼 신이 나 보였다.

목련 그늘 아래서는 　　– 조정인

목련 아래를 지날 때는

가만가만

발소리를 죽인다

마른 가지 어디에 물새알 같은

꽃봉오리를 품었나

톡

톡

껍질을 깨고

꽃봉오리들이

흰 부리를 내놓는다

톡톡,

하늘을 두드린다

가지마다

포롱포롱

꽃들이 하얗게 날아오른다

목련 아래를 지날 때는

목련꽃 날아갈까 봐

발소리를 죽인다

"어떤 장면이 떠올라?"
"목련 꽃봉오리가 천천히 피어나는 장면, 목련 나무 아래를 한 소녀가 조심스레 걸어가는 장면."

"'꽃들이 하얗게 날아오른다'는 어떤 장면을 나타낸 걸까?"

"꽃들이 바람에 흩날리는 모습을 하얀 새가 날아오르는 것처럼 표현한 것 같아."

"좋은 생각이야. 목련 아래에서 발소리를 죽인 까닭은 목련꽃이 날아갈까 봐 조심했기 때문일 수도 있고, 발걸음을 천천히 하면서 목련꽃이 피는 모습을 자세히 살펴보려고 했기 때문일 수도 있어."

이 시는 뭔가 아름답다는 생각이 들었다. 목련이 피어나는 봄의 설렘도 느껴지고, 꽃봉오리가 피어나는 모습에서 생명이 탄생하는 과정의 신비로움도 느껴진다. 왠지 마음이 편하다.

"목련을 보지 않은 네가 시를 읽고 목련이 피어나는 모습을 떠올린 것처럼 시에 표현된 사물을 실제로 보지 않고도 마음속에 그릴 수 있어. 이처럼 마음속에 그리는 감각이나 모습을 심상이라고 해. 시를 읽는 사람은 심상으로 시의 장면을 더욱 생생하게 느낄 수 있어.

지금은 공사 중 — 박선미

어제는 미안해
별것 아닌 일로
너한테 화를 내고
심술부렸지?

조금만 기다려 줘

지금 내 마음은

공사 중이야

툭하면 물이 새는

수도관도 고치고

얼룩덜룩 칠이 벗겨진 벽에

페인트칠도 다시 하고

모퉁이 빈터에는

예쁜 꽃나무도 심고 있거든

공사가 끝날 때까지

조금만 참고

기다려 줄래?

"〈지금은 공사 중〉에서 지금 공사 중인 것은 무엇일까?"

"정리되지 않고 복잡한 마음인 것 같아. 그래서 마음을 정리할 때까지 기다려 달라고 말하잖아."

"역시 내 동생이야, 제법인걸. 마음이 공사 중이었던 적이 있나 보지? 글쓴이의 마음을 잘 이해하는데?"

오빠의 말을 듣자 가슴이 뜨끔했다.

"그런가?"

"글쓴이는 '공사 중'이라는 표현으로 괜히 화도 나고 우울하기도 한 마음, 아무도 나를 안 건드렸으면 좋을 것 같은 마음, 상처 받은 마음 등 여러 가지 복잡한 마음을 나타냈어. 이렇게 여러 가지 의미를 짧은 낱말에 줄이고 압축해서 나타낸 표현을 함축적 언어라고 해. 함축은 말이나 글에 많은 뜻을 담고 있다는 의미야. '공사 중'이라는 짧은 말에 많은 의미가 담겨 있는 거지."

 오빠와 이야기를 나누면서 서서히 깨달았다. 내 마음이 지금 공사 중이라는 것을 말이다. 반 친구들에게 비난을 받고, 백장미네 아이들이 내 뒤에서 욕하는 것을 들은 후로는 '툭하면 물이 새는 수도관'처럼 눈물이 날 것 같고, '얼룩덜룩 칠이 벗겨진 벽'처럼 마음에 생채기가 난 것 같았다.

 "오빠, 나도 가끔 마음이 그럴 때가 있어. 내가 공사 중일 때는 접근 금지니까 엄마나 오빠가 건드리지만 않으면 돼."

 "알았어. 상대방 마음이 공사 중일 때는 서로 건드리지 말고 기다려 주자."

 "그래, 좋아."

 내 마음의 공사가 빨리 끝났으면 좋겠다. 공사 중이어서 아무도 찾지 않는 빈터가 아니라, 꽃도 피고 새도 놀러 오는 정원이었으면······.

만점 비법 노트

시(詩)의 세계 속으로 풍덩!

☞ 교과 연계 : 6학년 1학기 1. 비유적 표현

요즈음 힙합이 음악 차트의 상위권을 차지하며 대세 음악으로 떠오르고 있다. 잘 쓴 랩 가사는 한 편의 시 같다고 한다. 읽으면서 리듬감을 느끼고, 글쓴이의 생각과 느낌이 감각적으로 나타나기 때문이다. 그래서 실력 있는 랩퍼들은 자신의 마음을 전달할 수 있는 좋은 가사를 쓰려고 책을 많이 읽는다고 한다.

여러분이 배우는 시도 마찬가지다. 시인이 전하고 싶은 마음과 멋진 표현이 곳곳에 숨어 있다. 시에 나타난 감성을 풍부하게 느끼면서, 힙합을 즐기듯이 시도 함께 즐겨 보자.

시에서 말하는 이의 마음을 생각하며 다음 시를 낭송해 보자.

너는 1등 하지 마   – 이묘신

시험 결과 나온 날

언제나 1등 하던 영석인
이번에도 1등이다

처음엔 기분 좋아하던

영석이는 웃지 않는다

나란히 집으로 걸어갈 때

영석이가 조용히 말했다

- 너는 1등 하지 마

그 자리 놓칠까 봐 늘 불안해

가슴에 찰싹 붙은 그 말

영석인 지금 뭘 할까?

■ **시를 감상하는 방법**
- 시의 느낌과 리듬감을 살려 시를 낭송한다.
  - 예) 시의 분위기가 밝지 않고 차분하게 가라앉았네. 시의 분위기에 맞게 낭송해야지.
- 시인이나 시에서 말하는 이의 마음, 처한 상황을 느껴 본다.
  - 예) 영석이는 항상 1등만 해서 2등으로 밀리거나 성적이 떨어질까 봐 늘 불안하구나.
- 시의 장면을 머릿속에 그려 본다.
  - 예) 시에서 말하는 이와 영석이가 나란히 집으로 가는 장면, 영석이의 우울한 표정

- 재미있는 표현, 아름다운 표현을 찾아본다. 마음에 드는 표현을 노트에 쓰는 것도 좋다.
   - 예 '가슴에 찰싹 붙은 그 말'이라는 표현이 마음에 들어.
- 시인이 말하려는 중심 생각(주제)을 생각한다.
   - 예 시인은 1등만을 외치는 부모나 사회를 비판하고 싶은 것은 아니었을까? 지나친 순위 경쟁이 아이들을 불행하게 한다는 이야기를 하고 싶었던 것 같아.

※ 시의 리듬을 살려 다음 시를 낭송해 보자.

여름 냇가　　— 이태선

시냇물은 졸졸졸졸
고기들은 왔다갔다
버들가지 한들한들
꾀꼬리는 꾀꼴꾀꼴

■ **시의 형식**
- 행 : 시의 한 줄을 나타낸다.
   - 예 4행
- 연 : 여러 행이 모여서 이룬 한 덩어리를 나타낸다.
   - 예 1연

- **시를 구성하는 요소**
  - 주제 : 글쓴이의 중심 생각이다.
    - 예) 여름 냇가의 평화로운 모습
  - 운율 : 시에서 느껴지는 말의 리듬이다.
    - 예) 같은 글자 수(4자)를 반복해서 리듬감이 느껴진다.
  - 심상(이미지) : 시를 읽을 때 마음속에 그리는 모습이다.
    - 예) 버들가지가 바람에 흔들리는 모습, 꾀꼬리가 나무 위에서 여름 냇가를 바라보며 노래 부르는 모습 등

- **시의 특성**
  - 비유적 표현으로 사물을 표현한다.
    - 예) 물새알 같은 꽃봉오리, 풀잎 같은 친구
  - 운율이 있어 리듬감을 느낄 수 있다.
    - 예) 버들가지 한들한들, 꾀꼬리는 꾀꼴꾀꼴
  - 시를 읽으면 시의 장면이 생생하게 떠오른다(심상).
  - 글쓴이의 생각이나 감정을 함축적 언어로 표현한다.

중학국어 톡! Talk?

- **시적 화자**
  - 시 속에서 말하는 화자로 시적 자아 또는 서정적 자아라고도 한다.
  - 시인 자신의 생각이나 느낌을 효과적으로 전달하려고 시인이 창조한 인물이다.

- **심상의 종류**
  - 눈으로 느낄 수 있는 시각적 심상
    - 예) 붉은 산수유 열매
  - 귀로 느끼는 청각적 심상
    - 예) 뻐꾹뻐꾹 소리
  - 여러 감각으로 동시에 느끼는 공감각적 심상
    - 예)
      - 푸른 휘파람 소리(푸른 – 시각, 휘파람 소리 – 청각)
      - 은빛 비린내(은빛 – 시각, 비린내 – 냄새를 맡는 후각)
      - 분수처럼 흩어지는 푸른 종소리(푸른 – 시각, 종소리 – 청각)

- **시적 허용**
  시에서 시인의 감정을 효과적으로 전달하고 읽는 이에게 감동을 주려고 문법적으로는 틀린 말이지만 허용하는 것을 의미한다.

예

- 노오란 개나리 → 문법적으로 정확한 표현은 '노란'이지만 강조하려고 '노오란'이란 표현을 허용한다.
- 모든 순간이 다아 꽃봉오리인 것을 → 아쉬움을 표현하려고 '다'를 늘여서 사용한다.
- 머언 먼 젊음의 뒤안길에서 / 인제는 돌아와 거울 앞에 선

■ **복습 퀴즈**

다음 빈 칸에 알맞은 말을 쓰시오.

① 시에서 느껴지는 말의 리듬을 □□이라고 한다.

② 여러 감각으로 동시에 느끼는 심상을 □□□□ 심상이라고 한다.

③ 시는 글쓴이의 생각이나 감정을 □□□ 언어로 표현한다.

④ 시에서 예술적 효과를 얻으려고 문법을 벗어나는 것을 허용하는데, 이것을 □□ □□이라고 한다.

정답 : ① 운율 ② 공감각적 ③ 함축적 ④ 시적 허용

06 짝짝이 양말을 신고 학교에 가다

"오늘은 시, 동화, 희곡의 특징을 알아볼 거야. 나동화, 네 이름이 동화니까 동화의 특성은 꼭 알아 두어야 해. 이름 값하기 바란다."

"이름 이야기하지 마. 안 그래도 옛날부터 아이들이 동화책이라고 놀려."

"네 이름이 수필이나 독해, 소설이 아닌 걸 감사하게 여기도록 해."

"맞아, 그나마 다행이지."

우리 할아버지는 책을 워낙 좋아하신다. 그래서 오빠들의 이름이 나수필, 나독해, 내 이름이 나동화가 된 것이다. 사촌 오빠의 이름은 나소설이다. 그나마 내 이름이 나은 것 같긴 하다. 내 이름이 나독해나 나소설이 된다는 것은 생각만 해도 끔찍하다.

"네 수준에 맞는 눈높이 교육을 하려고 이 오빠가 초등학교 5학년 교과서에 나오는 시 〈짝짝이 양말〉을 동화와 희곡으로 변신시켜 봤다. 잘 감상해 보도록. 먼저, 원래 동시는 오빠가 낭송해 주마."

오빠는 또 한 번 낭송을 시작했다. 아무래도 낭송에 단단히 재미가 들린 것 같다.

짝짝이 양말　　－ 권영상

집에 들어와
양말을 벗으려고 보니
양말이 짝짝이다.

짝짝이로 신은 줄도 모르고
하루를 지냈다.
오늘 하루, 양말은
내 두 발이 남남인 줄 알았겠다.
발을 모을 때마다
얼마나 서먹서먹했을까.

짝짝이 양말

양말 벗은 두 발을 들어
뽀독뽀독 마주 비빈다.
오늘 일 다 잊으라고.

"나동화 너도 저번에 티셔츠 뒤집어 입고 학교에 갔잖아. 남 일 같지 않지?"
"오빠는 왜 이렇게 쓸데없이 기억력이 좋아?"
나독해는 나를 놀릴 만한 일은 절대로 잊어버리지 않는다.
"〈짝짝이 양말〉의 동화 버전과 희곡 버전을 오빠가 썼으니 소리 내서 한 번 읽어 봐."

오빠는 A4용지 한 장을 건넸다. 왼쪽에는 동화 버전이, 오른쪽에는 희곡 버전이 써 있었다.

"와, 이거 진짜 오빠가 직접 쓴 거야?"

"당연하지. 오빠의 정성이 이제야 느껴지냐?"

직접 키보드로 입력해서 출력까지 해 준 오빠의 정성에 살짝 감동했다. 짓궂을 때도 있지만 가끔은 오빠답게 행동한다.

오빠가 초등학교 6학년이고 내가 3학년이라서 같이 학교에 다니던 시절로 알뜰나눔축제가 있던 날이었다. 그 날 아침, 오빠와 나는 사소한 일로 싸웠다. 왜 싸웠는지 기억도 안 난다. 나는 울면서 학교에 갔다. 알뜰나눔축제가 끝나고 교실에 들어가 보니, 책상 위에 예쁜 곰인형 하나와 쪽지가 놓여 있었다. 쪽지에는 이렇게 써 있었다.

오늘 미안했어. 이거 너 가져.
- 오빠

우리 반 남자아이가 나를 몇 번 괴롭혔을 때 교문 앞에서 기다렸다가 혼내 준 일도 있었다. 매일 티격태격해도 없으면 허전한 우리 오빠. 오빠가 중학생이 된 이후로 예전처럼 같이 놀지 못해서 조금 서먹서먹했는데, 예전의 든든한 오빠로 다시 돌아온 기분이다.

짝짝이 양말(동화 버전)

신발을 대충 벗어 놓고는 방으로 들어왔다. 양말을 벗으려고 보니 한 짝은 분홍색 바탕에 땡땡이 무늬, 한 짝은 검은색 줄무늬 양말이다. 거실로 나가 엄마한테 꽥 소리를 질렀다.

"엄마! 나 오늘 양말 짝짝이로 신고 갔잖아. 왜 이야기 안 했어!"

"옷도 아니고 양말까지 어떻게 보니? 네가 잘 챙겨야지."

엄마는 내 꼴을 보더니 웃음을 터뜨렸다.

"오늘 하루 종일 이러고 다닌 거야?"

"아, 몰라!"

다시 문을 쾅 닫고 내 방으로 왔다. 양말을 홀라당 벗었다. 양말을 벗은 두 발을 들어 뽀독뽀독 마주 비볐다.

"아이고, 내 발도 오늘 민망했겠다."

짝짝이 양말을 동화로 바꾼 글을 읽자 오빠가 질문을 시작했다.

"지난 시간에 시의 특성을 배웠잖아. 한 번 복습해 보자. 시의 특성에는 어떤 것들이 있을까?"

"리듬감이 있고, 비유적 표현을 쓰고, 함축적 언어로 줄여서 표현해."

"그렇지. 시는 글쓴이의 생각이나 감정을 짧게 줄여서 표현해. 그럼 동화는 어때?"

"길게 줄글로 내용을 이어가고 있어."

"인물의 말이나 대화는 어떻게 나타내지?"

"큰따옴표에 넣어서 나타내."

"지난 시간에 소설 구성의 3요소를 배웠었지? 뭐였니?"

"인사배, 인물, 사건, 배경!"

"이 이야기에 나오는 인물은?"

"소녀와 엄마."

"사건은?"

"짝짝이 양말을 신고 학교에 간 일."

"배경은?"

"시간적 배경은 학교 다녀온 후, 공간적 배경은 집이야. 집 거실과 방!"

"오, 엄청난 발전인데? 가르친 보람이 있다. 동화는 누가 읽어? 누구를 대상으로 한 이야기일까?"

"어린이를 대상으로 한 이야기지."

내 이름은 아이 동(童)에 설 화(話), 아이가 읽는 이야기 '동화'다.

"이 이야기는 실제 있었던 이야기일까, 아니면 실제로 일어날 것 같은 일을 상상하여 글로 쓴 걸까?"

"실제로 일어날 것 같은 이야기를 상상하여 글로 쓴 거야."

오고 가는 질문과 답변 시간이 끝나고 오빠는 박수를 쳤다. 술술 답변하는 내 모습에 나도 놀랐다.

"잘했어. 그럼 희곡도 한 번 읽어 보고, 이번에는 동화와 희곡을 비교해 보자."

짝짝이 양말(희곡 버전)

때 : 오후 세시(6교시 수업이 끝난 시간)

곳 : 소녀의 집

　소녀가 신발을 벗어던지고 방으로 들어간다. 양말을 벗으려다 잠깐 멈칫한다. 양말이 짝짝이다. 다시 거실로 나간다.

소녀 : (크게 소리를 지르며) 엄마! 나 오늘 양말 짝짝이로 신고 갔잖아. 왜 이야기 안 했어!

엄마 : (황당하다는 표정을 지으며) 옷도 아니고 양말까지 어떻게 보니? 네가 잘 챙겨야지.

　엄마가 소녀를 위아래로 쳐다본다.

엄마 : (웃음을 터뜨리며) 푸하하, 오늘 하루 종일 이러고 다닌 거야?

소녀 : (문을 쾅 하고 닫으면서) 아, 몰라!

　소녀가 양말을 벗는다.

소녀 : (두 발을 들어 마주 비비며) 아이고, 내 발도 오늘 민망했겠다.

내가 희곡을 읽을 때마다 오빠는 우스꽝스러운 동작을 보여 주었다. 문을 쾅 닫는 시늉도 하고, 두 발을 들어 마주 비비는 시늉도 했다. 저럴 때 보면 역시 개그 본능이 충만하다. 내 희곡 낭독이 끝나고 오빠가 강의를 이어 나갔다.

"너 지난번에 봤던 연극 〈백설공주를 사랑한 일곱 난쟁이〉 기억나지?"

"응."

"희곡은 연극 무대에서 공연을 하려고 쓴 대본이라고 할 수 있어. 연극에서 배우들이 해야 할 대사나 행동을 쓴 글이지. 드라마 대본이랑 비슷하다고 생각하면 돼. 처음에 일이 일어난 때, 곳을 설명해 주잖아. 그리고 연극에 필요한 무대 장치 등을 설명해 주기도 하는데, 이걸 바로 해설이라고 해."

오빠는 종이에 형광펜으로 밑줄을 긋더니, 색 볼펜으로 '해설'이라고 썼다.

"등장인물의 말은 대사라고 해. 드라마 촬영하기 전에 배우들이 대본을 읽으면서 대사를 연습하잖아. 그거랑 똑같아."

예전에 좋아하는 배우가 다른 배우들과 모여서 대본 연습하는 동영상을 인터넷에서 본 기억이 났다.

"아, 그거 본 적 있어."

"대본 연습할 때 어떤 대사는 화내면서 하고, 어떤 대사는 깔깔 웃으면서 말하잖아. 대본에 '두 주먹을 불끈 쥐고 큰 소리로 화를 내며', '얼굴을 잔뜩 찡그리며'라는 식으로 써 있거든. 작가가 인물의 행동이나 표정, 말투 등을 지시한 것을 지문이라고 해. 소설과 동화는 인물, 사건, 배경을 하나하나 설명하지만, 희곡은 대사와 지문으로 모든 것을 표현하지."

"아, 그래서 작가가 '지문'에 쓴 대로 안 하고 이상하게 연기하면 '발연기'

가 되는구나."

"그렇지. 작가는 '(눈물과 콧물을 흘리고 엉엉 울면서) 내가 잘못했어!' 이렇게 연기하라고 썼는데, 눈물이 나오지 않아 몰래 가서 눈에 안약을 넣고 우는 척 연기하는 거지. 나라면 슬픈 장면도 혼신의 힘을 다해 연기할 수 있는데 말이야. 이야기가 나와서 하는 말인데, 가끔 내 뛰어난 외모를 보고 나중에 배우 할 생각 없느냐고 묻는 사람도 있었단다."

"어디서 또 뻥을 쳐? 오빠 얼굴이 못난 건 아니지만, 배우 얼굴까지는 아니거든?"

"흠흠, 너 『로미오와 줄리엣』 아니?"

"줄리엣이 로미오 따라 죽은 거? 그거 영화잖아."

"영화로도 만들었지만, 원래 작품은 셰익스피어가 쓴 연극이야. 셰익스피어는 『로미오와 줄리엣』이외에도 『햄릿』, 『리어왕』, 『베니스의 상인』을 쓴 유명한 희곡 작가야."

"지금까지 배운 내용을 정리하면, 시는 짧은 단어나 문장으로 생각이나 느낌을 표현해. 소설과 동화는 인물, 사건, 배경을 하나하나 설명하지만 희곡은 해설, 대사, 지문으로 표현해. 이제 시, 동화, 희곡의 특성을 구분할 수 있겠지?"

만점 비법 노트

문학의 갈래(시, 소설, 희곡)별 특성 파악하기 비법

☞ 교과 연계 : 6학년 1학기 12. 문학의 갈래

　음악 장르를 발라드, 댄스, 힙합, 클래식 등으로 나누듯이 문학도 시, 소설, 희곡 등 서로 다른 장르로 나눌 수 있다. 각 갈래별(장르별) 특성을 살펴보자(시의 특성은 앞에서 배웠으므로 여기서는 생략한다).

■ 동화의 특성
　- 어린이를 대상으로 쓴 글이다.
　- 실제로 있음직한 이야기를 상상하여 쓴 글이다.
　- 인물, 사건, 배경으로 구성되어 있다.

■ 희곡의 특성
　- 해설, 대사, 지문이 있다.
　- 희곡을 읽을 때는 연극하는 장면이 떠오른다.
　- 해설에서 때, 곳, 나오는 인물을 알 수 있다.
　- 대사와 지문으로 인물의 성격이나 사건을 표현한다.

■ **희곡에서 '대사'의 종류**

- 대화 : 둘이서 주고받는 말이다.
    - 예 "줄리엣, 당신은 너무 아름답소." "어머."
- 독백 : 혼자서 하는 말이다.
    - 예 "로미오, 당신은 왜 로미오인가요."
- 방백 : 다른 등장인물에게는 들리지 않고 관객에게만 들리는 말이다.
    - 예 (관객을 향해) "우리 줄리엣, 너무 사랑스럽지요?"

3교시

실력 쑥쑥!
비문학 만점 비법 노트

07
물이 반이나 남았구나!

"오늘 배울 내용은 이 그림 안에 담겨 있어."
오빠는 그림 하나를 보여 주었다.

"이 그림이 무엇으로 보여?"
"토끼?"
"그래. 오빠는 처음 봤을 때 오리로 보였어."
"어, 정말 오리로 보이기도 하네?"
"같은 그림을 보고도 보는 사람의 태도나 방향에 따라 전혀 다른 그림이 되지? 보는 사람의 관점에 따라 다른 그림이 되는 거야. 사물이나 현상을 관찰할 때, 그 사람이 보고 생각하는 태도나 방향을 관점이라고 해."
오빠는 물통을 가져와서 컵에 물을 반 정도 따른 후 말했다.

"이 컵을 봐. 같은 물의 양을 보고도 '물이 반이나 남았네!'라고 긍정적인 관점으로 생각하는 사람과 '물이 반밖에 남지 않았네'라고 부정적인 관점으로 생각하는 사람이 있을 수 있어. 동화 너도 '물이 반이나 남았네!'라고 항상 긍정적인 관점으로 생각하는 사람이 되길 바란다."

"시니컬한 오빠가 그런 말을 하니까 안 어울려."

"네 나이에는 당연히 긍정적이어야지. '중2병' 걸린 아이들처럼 모든 일을 부정적인 관점으로 바라보면 안 된다."

"알았어, 알았어."

그 부정적인 '중2병'에 걸린 사람이 바로 오빠라는 말이 목구멍까지 올라왔지만 참았다.

"아주 유명한 그림을 하나 보여 줄게."

오빠는 태블릿PC로 밀레의 그림인 〈이삭 줍기〉를 보여 주었다.

"이 그림을 보고 철수와 영희가 각각 글을 썼어. 철수는 가을날 풍요로운 시골 풍경을 생동감 있게 잘 표현한 그림이라고 평가했고, 영희는 가난한 세 여인의 고된 땀방울을 잘 표현한 그림이라고 평가했어. 내 관점에서는 노동의 아름다움이 느껴지는 그림이야. 이렇게 같은 그림을 보고도 전혀 다른 해석이 가능해."

"또 다른 두 글을 살펴보자. 신발을 햇빛 나라에 수출할 수 있는 가능성을 두고, '고무신 회사'와 '꼬까신 회사'가 전혀 다른 판단을 내렸어. 먼저, 다음 글에서 '고무신 회사' 측 의견은 무엇일까?"

제목 : 신발 수출 가능성에 의문

햇빛 나라 사람에게는 신발 없이 메마른 땅바닥을 걸어 다닐 수 있을 정도로 단련된 발이 있다. 그들의 생활 양식을 바꾸는 것은 우리에게는 역부족이다. 우리 회사가 햇빛 나라에 신발을 수출한다고 해도 판매 가능성은 거의 없다.

"햇빛 나라에 수출해 보았자 판매가 잘 되지 않을 것이라는 의견인 듯해."

"제목인 '신발 수출 가능성에 의문'과 '역부족', '판매 가능성은 거의 없다'는 표현에서 신발 수출 가능성에 부정적인 관점을 보인다는 것을 알 수 있어. 꼬까신 회사의 생각은 어떻게 다를까?"

제목 : 우리 회사의 새로운 시장

햇빛 나라 사람에게 신발을 보여 주었을 때 대부분의 사람이 호기심이 가득한 눈빛으로 바라보았다. 대부분이 맨발로 생활하는 햇빛 나라 사람 모두는 우리 회사의 큰 고객이다. 햇빛 나라는 우리의 새로운 신발 시장이 될 수 있다.

"음, 꼬까신 회사는 신발 수출 가능성이 크다고 보고 있네."

"제목인 '우리 회사의 새로운 시장'과 '큰 고객', '새로운 신발 시장'이라는 표현에서 햇빛 나라에 신발을 수출할 수 있는 가능성에 꼬까신 회사는 긍정적인 관점을 보인다는 것을 알 수 있어. 두 글에서 알 수 있는 것처럼 글쓴이가 전하고 싶은 생각과 관점은 글의 제목, 글쓴이의 생각을 나타내는 표현, 글쓴이가 알려 주는 내용으로 파악할 수 있다는 것을 기억해."

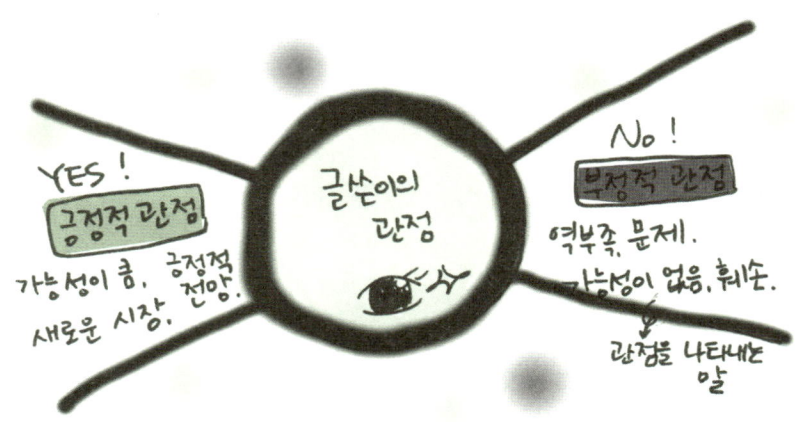

"소설이나 시가 아닌 글을 문학이 아닌 글이라고 해서 비문학이라고 해. 비문학을 읽을 때는 오늘 배운 글쓴이의 관점, 즉 글쓴이가 주제를 어떻게 생각하고 있는지 파악해야 글을 제대로 이해할 수 있어."

갑자기 엄마가 방문을 벌컥 열며 말씀하셨다.

"사랑하는 아들딸아. 그럼 엄마가 한 번 물어보자. 너희는 집안일에 어떤 관점을 가지고 있니? 모두가 나누어서 해야 한다는 관점? 아니면 이 많은 집안일을 엄마 혼자 다 해야 한다는 관점?"

답을 정해 놓고 물어보시는 엄마의 질문에 우리는 마지못해 대답했다.

"당, 당연히 모두가 나누어서 해야지요."

"너희 생각도 그렇지? 역시 너희는 훌륭한 관점을 지녔구나. 그런 의미에서 지금 독해는 설거지 좀 하고, 동화는 거실에 청소기 한 번 돌려라."

"엄마, 다른 집 엄마는 공부하라고 난리인데, 이렇게 열심히 공부하는 남매에게 꼭 일을 시켜야겠어?"

"그건 엄마가 공부든 집안일이든 스스로 하는 습관을 길러 주어야 한다는 교육적 관점을 가졌기 때문이란다. 호호호."

엄마는 사악한 웃음을 지으며 안방으로 가셨다.

"나동화, 오늘 수업료로 네가 설거지까지 해."

오빠도 엄마처럼 사악한 웃음을 지으며 자기 방으로 들어갔다. 독해 오빠의 독한 성격은 아무래도 우리 엄마를 닮은 것 같다.

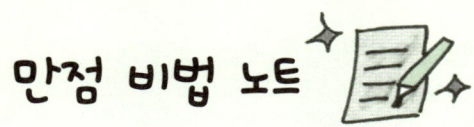

글쓴이의 생각과 관점 파악하기 비법

☞ 교과 연계 : 6학년 1학기 2. 다양한 관점, 6학년 2학기 7. 다양한 생각

　글쓴이가 생각하는 태도나 방향을 글쓴이의 관점이라고 한다. 글쓴이의 관점을 파악하면 글쓴이의 생각, 글의 주제를 잘 이해할 수 있다.

■ **글쓴이의 관점을 파악하는 방법**
　– 글쓴이가 알려 주는 내용을 알아본다.
　– 글쓴이의 생각을 나타내는 표현을 알아본다.
　– 글쓴이가 제목을 왜 그렇게 지었는지 이유를 생각하여 본다.

■ **글쓴이의 생각을 파악하는 방법**
　– 제목을 살펴보고 글쓴이가 우리에게 전하고 싶은 생각을 찾는다.
　– 글에서 글쓴이가 전달하려는 생각을 파악한다.
　　예 제목 : 콜럼버스 항해의 진실
　　중심 내용 : 결국 콜럼버스 항해는 전통과 문화를 가꾸며 살아가던 원주민의 삶을 송두리째 앗아 갔다.
　　글쓴이의 관점 : 콜럼버스 항해는 신대륙 발견이 아니라 구대륙 침략이다.

📌 인공위성과 관련된 글 두 편

글의 제목	수명을 다한 인공위성 다시 보기	우주 개발의 걸림돌, 우주 쓰레기
글쓴이의 생각	역사적 가치가 있는 인공위성은 새로운 관광 자원이 될 수 있다.	수명을 다한 인공위성이 우주 공간에서 문제를 일으키기 때문에 우주 쓰레기로 보고 있다.

08 월요조회시간, 좌충우돌하여 방송사고가 나다

"윤시인, 나동화 두 사람, 김정 선생님이 부르시네. 2학년 5반 교실 좀 다녀와."

"네."

담임선생님은 나와 윤시인에게 2학년 5반 교실에 다녀오라고 말씀하셨다. 2학년 5반 김정 선생님은 전교어린이 임원을 담당하고 있다. 무슨 일로 부르신 거지?

"어, 왔어? 너희한테 선생님이 따로 내줄 숙제가 있어서 불렀어."

"숙제가 뭔데요?"

"다음 주에 '친구와 사이좋게 지내는 방법'을 주제로 너희 둘이 발표를 했으면 좋겠구나."

"저희가 발표를 한다고요?"

"그래. 학교 선생님이 돌아가면서 월요 방송 훈화를 하지만, 일 년에 두 번 정도는 전교임원들이 5분씩 발표를 한단다."

"그런데 선생님, 준비를 어떻게 해야 하나요?"

"친구와 사이좋게 지내는 방법으로 PPT를 준비해 오렴. 책이나 인터넷에서 찾아보아도 좋고 친구들 의견을 조사해도 되지. 어울리는 동영상이 있으면 1~2분짜리로 같이 준비해도 돼. 할 수 있겠니?"

"네, 해 볼게요."

자신만만하게 대답하는 윤시인과는 달리 내 기분은 비에 젖은 옷처럼 축 처지기 시작했다. 윤시인이랑 같이 발표를 준비하라니. 게다가 PPT는 또 어떻게 준비한담?

"나동화, 너 언제 시간 돼? 잠깐 모여서 같이 자료 준비하자."

"글쎄, 꼭 같이 준비해야 돼? 한 명은 PPT를 맡고, 한 명은 발표할 내용을 시나리오로 준비하면 되지 않을까?"

내 말에 윤시인이 입을 일자로 다물더니 표정이 굳어졌다.

"PPT랑 발표 내용이 같아야 하는데, 어떻게 따로 준비해?"

"아니면 이번에는 내가 다 준비할 테니까 다음에는 네가 맡아서 준비할래?"

"…… 혹시 나랑 같이 하는 게 싫어서 그래?"

"아니, 뭐, 꼭 싫은 건 아닌데……."

방과 후에 만나서 같이 무언가를 한다니, 뭔가 불편하니까 그렇지.

나는 윤시인과 방과 후 따로 만나서 함께 준비를 하는 것이 불편하다는 속마음을 이야

기하기가 민망해서 뒷말을 삼켰다.

"그래, 네 마음대로 해. 이번에는 네가 다 알아서 해라."

윤시인은 기분이 상했는지 얼음장처럼 차가운 목소리로 말하고는 휙 돌아섰다.

'화났나? 사내 녀석이 속 좁기는. 같이 하기 싫다는 말이 아니라, 따로 하면 더 효율적일 것 같아서 그런 거잖아. 그런데 이거 어디서부터 어떻게 시작해야 하는 거지?'

발표를 따로 준비하자고 말했지만, 막상 어떻게 준비해야 할지 막막했다. 나는 노트에 '친구와 사이좋게 지내는 방법'이라고 쓰고는 어떤 방법들이 있을지 곰곰이 생각해 보았다.

친구와 사이좋게 지내는 방법

친구 말 잘 들어 주기

바른 말 고운 말 쓰기

친구가 어려울 때 도와주기

먼저 웃으며 사과하기

......

더 이상 떠오르지 않는다. 인터넷에서 검색해 볼까?

네이버 지식인에 '친구와 사이좋게 지내는 방법'이라는 글이 있어 클릭해 보았다.

친구와 사이좋게 지내는 방법
비공개 · 질문 1건 · 질문마감률 100% · 질문채택률 100%

👍 0
답변 1 | 조회 9

이제 6학년인데요. 제게 5년 지기 친구가 있어요. 근데 그 친구는 학교에서 조금 노는 아이들하고 친해요. 그 친구들한테 짜증난다는 이유로 카카오스토리 친삭(친구 삭제)을 당했어요. 그 친구들이랑 놀지 않으면 저는 거의 왕따 수준으로 되어서 어떻게 해야 할지 모르겠어요. 5년 지기 친구는 저랑 친한데… 나머지 친구들이랑은 어색하기도 하고 별로 친해지고 싶지 않아요. 그 친구들이랑 어떻게 하면 다시 사이좋게 지낼 수 있을지 가르쳐 주세요.

Friend1 **님의 답변입니다.**
채택답변수 0

아마 그 친구들하고 사이좋게 지내기는 어려울 것 같아요.
말 걸 때만 말하시고 꼭 말해야 될, 말하고 싶은 말이 있지 않은 이상은 먼저 말 걸지 마시고 그냥 적당히, 보통 만큼만 행동하세요.

힘내세요!

    글쓴이의 고민이 느껴졌다. 이미 친한 친구가 있고 그 친구가 친한 다른 친구들이 있는데, 나머지 친구들과 사이가 좋지 않아서 소외감을 느끼는 것 같았다. 하지만 이 내용을 소개하기는 좀 어려울 것 같다. 주제가 '친구와 사이좋게 지내는 방법'인데, 채택된 답변이 그 친구들하고 사이좋게 지내기는 어려울 것 같다는 내용이니……. 패스!

다른 답변을 읽어 보았다.

Friend2 님의 답변입니다.
채택답변수 0

친구와 친하게 지내는 방법
1. 고운 말 쓰기 2. 솔직하게 말하기 3. 옷 단정하게 입기 4. 싸가지 없는 행동하지 않기. 이것만 지키면 돼요.

나랑 겹치는 내용이 조금 있었다. 그렇지만 선생님께서 5분을 넘어서면 안 되고, 너무 부족하지도 않게 준비하라고 하셨는데, 이 내용으로 발표하면 1분도 안 걸릴 것 같다. 갈수록 고민이 태산이다.

또 다른 답변을 읽어 보았다. 책 내용을 소개한 글이다. 블로그 주인이 초등학교 선생님인 것 같다.

아이들이 친구와 다투었을 때 '친구와 사이좋게 지내라'고 말로만 하는 것보다는 동화책이나 그림책을 읽어 주는 것이 도움이 됩니다. 여러분에게 책 한 권을 소개하고 싶습니다. 바로 '친구를 모두 잃어버리는 방법'입니다.
제목이 반대라고요?
이 책을 읽고 책 내용과 반대되는 행동으로 '친구와 사이좋게 지내는 방법'을 이야기책으로 같이 만들어 봅시다.

나는 다음 날 도서관에 가서 『친구를 모두 잃어버리는 방법』이라는 그림책을 빌렸다. 그리고 책 내용을 사진으로 찍어서 PPT 자료를 만들었다. 처음 발표를 시작할 때 보는 사람을 집중하게 하는 자료가 있으면 좋을 것 같았다. 그리고 사이좋게 지내는 방법 Best 5를 알아보려고 반 아이들을 대상으로 설문조사를 했다.

방송하는 날이 되었다. 나는 긴장된 표정으로 발표를 시작했다. 발표 시나리오에 나와 윤시인이 발표할 내용을 나누어서 써 놓았다.

"오늘은 『친구를 모두 잃어버리는 방법』이라는 그림책을 소개해 드리겠습니다.

너에게 친구가 하나도 없기를 바란다면 여기 나오는 방법을 그대로 따라하렴.
절대로 웃지 말기
시무룩한 얼굴을 하렴. 짜증난 표정을 지으렴. 눈살을 잔뜩 찌푸리렴.
시무룩한 얼굴을 하고, 짜증난 표정을 짓고, 눈살을 잔뜩 찌푸리면 어떤 친구든

겁에 질려 달아날 거야!

모두 독차지하기

과자를 먹고 있는데, 친구들이 다가오면 얼른 감추렴.

과자를 입 안에 몽땅 집어넣거나 재빨리 내빼도 돼.

장난감을 가지고 놀 땐, 좋은 것들은 모두 너 혼자 꽉 움켜쥐고 있어야 해.

누군가 하나라도 가지고 놀려고 하면 와락 짜증을 내면 돼.

네 방엔 아무도 못 들어오게 꼭꼭 문을 잠가 버리렴."

내가 그림책을 소개하고, 다음으로 윤시인에게 내가 쓴 방송 대본을 보여 주었다. 윤시인이 그대로 읽었다.

"이렇게 행동하면 주변에 친구가 남아 있을까요? 아마 한 명의 친구도 남아 있지 않겠죠? 그럼 우리 거꾸로 생각해 보아요. 친구를 잃어버리는 것이 아니라 친구를 얻는 방법, 사이좋게 지내는 방법은 무엇일까요? 바로 이 책의 내용과 반대로 하면 됩니다.

1. 절대로 웃지 말거 → 먼저 웃기

2. 모두 독차지하거 → 나누어 먹고 양보하기

3. 심술꾸러기 되거 → 친구 배려하고 칭찬하기

4. 반칙하거 → 규칙을 지켜 놀이하기

5. 코자질하거 → 고자질하지 않기

6. 앙앙 울거! → 혼자 우기거나 떼쓰지 않기"

다음은 다시 내 차례였다.

"어때요? 이 방법을 실천하면 여러분 주위에 좋은 친구들이 가득하겠죠? 다음으로 5학년 5반 친구들을 대상으로 설문조사를 하여 '이런 친구가 좋아요' Best 5를 뽑았습니다. 설문조사 결과를 한 번 보시죠?"

갑자기 설문조사 결과를 정리한 PPT가 열리지 않은 채 '파일 오류가 있습니다'는 메시지가 나타났다. 계속 클릭해 보았으나 결과는 같았다. 순간 너무 놀라 아무 말도 나오지 않았다. 머릿속이 새하얘졌다.

그때 윤시인이 말을 시작했다.

"5위부터 발표하겠습니다. 이런 친구가 좋아요 5위는 '맞장구를 잘 치는 친구'입니다. 내가 말을 할 때 딴청을 피는 친구가 아니라 고개도 끄덕여 주고 박수도 쳐 주는 친구가 좋지요? 다음으로 4위는 '먼저 놀자고 말해 주는 친구'입니다. 학기 초에 아는 친구가 아무도 없을 때 먼저 말 걸어 준 친구는 기억에 오래 남습니다. 교실을 둘러보세요. 쉬는 시간에 혼자 있는 친구에게 먼저 '같이 놀자'고 말을 걸어 보세요. 그 친구는 고마웠던 마음을 오랫동안 잊지 못할 것입니다."

윤시인은 대본도 보지 않고 유창하게 말을 이어 나가더니 1위 '잘 웃어 주는 친구'까지 발표했다. 윤시인은 내가 준비한 PPT를 본 적이 없다. 즉흥적으로 생각해서 발표하는 것 같았다. 준비도 안 했는데, 조금의 막힘도 없이 말을 이어 나갔다. 국민 MC 유재석처럼 순발력이 뛰어난 것 같았다.

마지막으로 윤시인은 동영상 하나를 재생했다. '친구와 사이좋게 지내는 방법'을 다른 학교 친구들이 UCC로 만든 동영상이었다. 안 한다더니 내가 못 미더워서 동영상을 준비했나 보다.

발표가 끝나서 교실로 돌아오는데 어안이 벙벙했다.

"너 동영상도 준비했었어?"

"어, 혹시 시간이 너무 애매하게 남으면 마지막에 틀려고 하나 찾았어."

'철두철미한 녀석 같으니라고.'

"나동화, 오늘 너 내 덕에 산 줄 알아라. 고맙지?"

"…… 그래, 고맙다!"

"말로만 고맙다고 하면 어떻게 해? 오늘 내 1인1역 복도 대걸레로 청소하기 네가 해라."

"뭐? 그걸 내가 왜 해?"

"내 덕에 날 뻔한 방송사고를 막았으니 그 정도는 해야지."

우리 집 나독해보다 더 독한 녀석이 우리 반에 있었구나! 그냥 순수한 마음에서 도와주면 되지, 꼭 대가를 바라다니! 역시 엄마 말이 맞았다. 똑똑한 남자는 성격이 나쁘다(엄마가 우리 아빠를 겨냥하여 한 말이다).

"알았어, 알았어."

나는 마지못해 알았다고 대답했다. 내 대답을 듣자 윤시인이 만족스러워

하며 피식 웃었다.

　그 날 점심시간, 나는 화장실에서 대걸레를 빨면서 이를 갈았다. '왜 자꾸 윤시인 페이스에 휘말리는 것 같은 기분이 들지? 다음에는 꼭 그 녀석의 콧대를 납작하게 해 주겠어!'

만점 비법 노트

자료를 활용하여 발표하기 비법

☞ 교과 연계 : 6학년 2학기 2. 자료를 활용한 발표

요즈음 역사 강연으로 유명한 설민석 선생님처럼 지식을 재미있고 알기 쉽게 전달하는 능력을 가진 사람이 각광을 받고 있다. '발표를 잘하는 사람=자신감 있고 능력 있는 사람'이라는 공식이 성립된다. 발표를 잘하면 학교에서 말하기 수행평가를 할 때, 중요한 자리에서 발표를 할 때, 면접을 보거나 직장인이 되어서 프레젠테이션을 할 때 등 쓸 곳이 많다. 6학년 2학기 국어 2단원에서는 자료를 활용하여 효과적으로 발표하는 방법을 배운다. 다음 내용을 살펴보자.

■ **자료를 활용하여 발표하면 좋은 점**
- 자료를 효과적으로 활용하면 듣는 이가 더 쉽게 이해할 수 있다.
- 설명하려는 내용을 더 생생하게 전달할 수 있다.

■ **발표 내용을 효과적으로 전달할 수 있는 자료**
- **도표** : 대상의 수량 정보를 한눈에 알아보기 쉽게 설명하는 내용일 때 활용한다.

- 동영상 : 움직이는 대상을 생생하게 설명하는 내용이 필요할 때 활용한다.
- 실물, 사진 : 대상의 모습을 정확하게 설명해야 할 때 활용한다.

■ **자료를 활용하여 자신 있게 발표하는 방법**
- 미리 발표할 내용을 처음부터 끝까지 모두 담은 발표 시나리오를 쓴다. 그리고 대본을 보지 않고 자연스럽게 발표할 수 있도록 연습한다.
- 발표할 내용과 활용할 자료의 특성을 생각한다.
- 발표할 내용을 효과적으로 전달할 수 있는 자료를 선택한다.
- 발표 상황에 알맞은 자료 제시 방법을 정한다.
- 적절한 수의 자료를 활용한다.
- 최근 자료인지 확인한다.
- 자료의 출처를 밝힌다.
- 자료의 양을 적절하게 제시한다.

09 갑자기 노트 한 권을 건네받다

"동화야, 눈이 많이 빨갛네. 안과에 꼭 가 봐."

담임선생님의 걱정 가득한 말씀에 학교가 끝나고 안과에 갔다. 유행성 눈병이라 나을 때까지 학교를 쉬어야 한다는 진단이 내려졌다.

눈이 많이 가렵고 따가웠지만, 오히려 기뻤다. 백장미네 아이들이 뒤에서 내 욕하는 것을 들은 후로는 학교에 가기가 싫었기 때문이다. 위기를 기회로 삼으라는 말이 있듯이, 몸도 마음도 아픈 일주일을 집중해서 국어를 공부하는 기회로 삼기로 했다.

"오빠, 이제 시험이 한 달밖에 남지 않았어. 회장 선거, 전교임원 선거, 달리기 계주까지 전부 윤시인한테 졌어. 그리고 백장미는 나를 뒤에서 씹어 대고 있어. 윤시인이랑 백장미한테 인기가 아닌 실력으로 내가 더 낫다는 것을 보여 주고야 말겠어!"

"너를 욕한 백장미인가 걔는 그렇다 치고, 그 남자아이는 꼭 이겨야 하는 이유가 뭔데?"

"잘난 척하는 게 재수 없잖아."

"걔가 잘난 척을 해? 글쎄, 별로 안 그럴 것 같은데."

"오빠처럼 대놓고 잘난 척하는 건 아니지만, 표정이 항상 거만해. 회장 선거에서 이겼을 때도 엄청 자신만만한 표정을 지었단 말이야. 나를 깔보는 것 같았어."

"동화야, 나는 잘난 척하는 게 아니라 그냥 잘난 거야."

"아, 네. 그러시군요."

"그리고 남자는 얼굴 표정만 보고는 잘 몰라. 걔의 진짜 마음을 읽으려면, 얼굴을 보지 말고 귀를 한 번 봐."

"그게 무슨 김밥 옆구리 터지는 소리야?"

"나중에 한 번 봐. 그러면 내 말이 무슨 뜻인지 알 거다. 그리고 내 생각에 너는 걔한테 열등감이 좀 있는 것 같다."

"열등감?"

"그래, 열등감. 걔는 그다지 너를 경쟁 상대로 보지 않는 것 같은데 너 혼자 이기려고 애쓰고 있다고나 할까. 쓸데없이 경쟁심을 발휘하지 마. 친구를 이기려고 공부하는 게 아니라, 네가 발전하려고 공부하는 거야."

오빠가 말한 열등감이라는 단어가 자꾸 내 마음을 어지럽혀서 그 날 밤 나는 여러 번 뒤척이며 쉽게 잠을 이루지 못했다.

공부도 하고, TV도 보고 인터넷도 하다 보니 일주일이 금방 지나갔다. 일주일 만에 학교에 가니 민주가 나를 껴안으며 반겨 주었다.

"동화야! 보고 싶었어. 너 없는 동안 나 엄청 심심했어."

"나도, 나도."

요즈음 마음이 울적해서 내 소중한 친구인 민주를 잊고 있었다. 내가 학교를 나오지 않아서 쉬는 시간, 점심 시간에 같이 놀 사람도 없었을 텐데,

괜히 미안한 마음이 들었다. 여럿이 몰려다니지 않고 둘만 다니면, 한 사람이 결석했을 때 좀 외로울 것 같다.

"근데 너 없는 동안 장미랑 희진이가 교실에서 막 네 욕하고 그랬어. 정말 웃기는 아이들이야."

사람이 아파서 결석했는데 욕을 하다니. 나를 잘 알지도 못하는 아이들이 또 이유 없이 욕했다는 생각이 들어서, 기분이 팍 상하고 짜증이 났다. 몸이 축축 처지는 느낌이다.

"나도 걔네 싫으니까 신경 안 써."

"그리고 내가 얼핏 들었는데, 장미랑 희진이가 소연이 욕도 엄청 하더라."

역시 예상대로다. 자기들끼리도 자리를 비우면 욕하나 보다. 백장미네 아이들은 총 다섯 명이다. 셋이나 다섯처럼 홀수로 다닐 때는 꼭 한 명씩 소외되는 사람이 생긴다. 백장미네에서는 소연이가 그렇다.

내가 볼 때 소연이는 다른 네 명과는 달리 마음이 여리고 착해 보였다.

무리의 대장격인 장미는 소연이를 적당히 끼워 주는 척하면서 다른 아이들과 은근히 차별하고 있었다. 소연이는 그 무리에서 내쳐지지 않으려고 안간힘을 쓰면서 붙어 있는 느낌이 든다. 혼자 떨어져 버리면 같이 놀 아이가 없기 때문이다.

여러 명 몰려다니는 무리에 속해 있으면 뭔가 마음이 안정된다. 그렇지만 마음이 맞지 않는 아이들한테 억지로 맞추어 주는 일은 매우 피곤하다. 마음 통하는 친구랑 둘만 다니는 것이 훨씬 편하고 좋다. 그 애들과 학기 초에 멀어지길 잘했다는 생각이 든다.

1교시가 끝난 후 윤시인이 나에게 다가오더니 무표정한 얼굴로 공책 한 권을 내밀었다.

"나동화, 이거."

"이게 뭐야?"

"내 복습 노트."

"이걸 나한테 왜 주는데?"

"…… 너 지난주에 결석해서 필기 하나도 못했잖아. 내 것 보고 정리하려면 하라고."

과도한 친절에 놀란 나는 윤시인의 표정을 살폈지만, 평소에도 표정이 별로 없어서 생각을 파악하기가 어려웠다. 어제 오빠가 한 말이 생각나서 윤시인의 귀를 재빨리 살펴보았다. 누군가의 귀를 관찰해 본 것은 이번이 처음이다. 윤시인의 귀는 차분한 얼굴 표정과는 달리 아주 빨갰다.

'뭐지? 이 애 지금 쑥스러워 하는 건가?'

의도를 알 수 없는 친절을 당당하게 거절하려고 했지만, 새빨갛게 달아오른 귀를 본 순간 어쩐지 그럴 수가 없었다. 나는 얼떨떨한 표정으로 공책을 받아 들었다.

윤시인의 복습 노트는 매우 정갈하게 정리가 되어 있었다. 군더더기 없이 깔끔한 필기가 마치 노트 주인을 닮아 있다는 생각이 들었다.

'내가 자기를 경쟁자로 보고 있는 걸 모르나? 부탁도 안 했는데 공책을 빌려주고. 아니면 나는 적수가 안 된다 이건가?'

그 순간, 친구를 이기려는 공부는 하지 말라던 오빠의 조언이 생각났다. 나는 더 이상 윤시인을 이기려고 공부하지 않기로 했다. 내 약점인 국어를 정복하여 발전하려고 공부할 것이다.

오빠의 말에 따르면, 열등감은 내가 가지지 못한 것을 다른 사람이 가지고 있을 때 품는 감정이라고 했다. 오빠가 생각하기에 나는 지금 윤시인에게 열등감을 가진 것 같은데, 열등감은 사람의 마음을 갉아 먹는 감정이기 때문에 빨리 떨쳐 버리는 것이 좋다고 했다.

나에게는 없는데 윤시인이 가졌다고 생각해서 초조하게 했던 것이 무엇이었는지 이제야 알겠다. 그것은 바로 '마음의 여유'였다. 내가 원하는 인기, 내가 가지고 싶은 국어 실력에 운동 만능까지 많은 것을 가졌으면서도 차분하고 여유로워 보이는 모습이 부러웠던 것이다. 반면에 나는 4학년 때까지 받았던 칭찬과 인기가 사라지는 것 같았고, 나를 싫어하는 아이들까지 생겨서 5학년이 된 이후로 마음에 여유가 없었던 것이다.

"고마워. 금방 베껴 쓰고 돌려줄게."

잘해 준 것도 없는 나에게 먼저 친절을 베풀어 준 것에 진심으로 고마운 마음이 들어 나는 웃으면서 고맙다고 말했다. 그때 나는 처음으로 귀가 아니라 얼굴까지 새빨개진 윤시인의 모습을 보았다.

"아냐, 천천히 보아도 돼."

'쟤가 오늘따라 왜 저러지? 몸이 아파서 열이 나나?' 평소에 돌부처처럼 무표정하던 윤시인이 오늘따라 조금 이상했지만, 나는 백장미보다는 윤시인이 훨씬 낫다고 결론을 내렸다.

학교가 끝난 후 윤시인의 행동을 곱씹으며 집에 돌아갔다. 물을 마시러 주방에 갔더니 냉장고에 자석으로 종이가 붙어 있었다.

밥 짓는 방법

첫째, 싱크대 옆에 있는 장독에서 쌀을 꺼내 쌀 씻기 전용 그릇(식탁 위에 있음)에 붓는다 (두 컵 정도).

둘째, 물로 세 번 정도 깨끗하게 씻고 헹군다.

셋째, 밥솥에 씻은 쌀을 넣고, 손등의 2/3를 덮을 정도로 물 높이를 맞춘다.

넷째, '건강 잡곡'을 선택한 후 '취사' 버튼을 누른다.

사랑하는 아들딸. 엄마 외할머니 댁에 하루 다녀올게. 끼니 거르지 말고 밥 잘 챙겨

먹고 있어라.
― 엄마

"오빠, 엄마 오늘 안 온대. 우리끼리 어떻게 밥 해 먹지?"
엄마의 글을 곰곰이 읽어 보던 오빠가 말했다.
"엄마가 안 계신 동안 우리가 살아남게 하려고 설명문을 남기고 가셨군."
"설명문?"
"엄마가 쓴 글은 음식을 만드는 방법을 알려 주는 정보가 담겨 있어. 이렇게 읽는 사람에게 유용한 정보를 전달하는 글을 설명문이라고 해."
"이런 글도 설명문에 해당한다고?"
"우리 주변에서 생활에 직접 도움을 주는 정보를 담은 설명문을 쉽게 볼 수 있어. 안내문, 사용 설명서, 기사문 등이 다 설명문에 해당해. 그리고 생활과 관련은 없지만 전문적인 지식을 알려 주는 설명문도 있지."
어느새 오빠의 국어 수업이 시작되었다.
"글쓴이는 설명하는 대상을 알기 쉽게 설명하려고 여러 가지 설명 방법을 사용해. 어떤 방법이 있는지 살펴보자."
나는 배가 고파 힘없이 고개를 끄덕였다.
"동물원에 가서 관찰한 동물들을 설명하는 글을 쓴다고 하자. 먼저, 여러 동물 가운데에서 종류가 같은 것끼리 나누어 설명할 수 있어. 예를 들어 사는 곳을 기준으로 하여 하늘을 나는 동물, 물에 사는 동물, 땅에 사는 동물 세 가지로 나누어 설명하는 것을 분류라고 해. 분류를 할 때는 종류가 같은 것끼리 나누어야 하기 때문에 나누는 '기준'을 꼭 세워야 해. 재활용품은 어떤 기준에 따라 분류할까?"

"음, 재질에 따라 종이류, 플라스틱류, 병류로 나누어."

"그래, 여기서는 재질이 기준인 거야. 다음 설명 방법은 분석이야. 분석은 한 가지 사물에 집중해서 그 사물을 여러 가지 부분으로 나누어 설명하는 거야. 기린의 얼굴, 목의 특징, 몸의 무늬, 다리의 특징처럼 동물 하나의 생김새를 여러 부분으로 나누어서 설명하는 거지. 다음으로 두 동물의 공통점과 차이점을 찾아 설명하면 비교와 대조 방법을 사용한 거야. 호랑이와 사자의 공통점은 고양잇과이면서 육식 동물이라는 거고, 차이점은 호랑이는 단독 생활을 하지만 사자는 무리 지어 생활한다야. 이렇게 설명하는 것이 비교와 대조 방법이야. 지금까지 배운 설명 방법 세 가지가 무엇무엇이라고?"

"분류, 분석, 비교와 대조."

"그렇지. 이 세 가지를 꼭 기억해. 5학년 교과서에도 나오는 내용이야. 그럼 여기서 복습 퀴즈! 내가 설명하는 글을 보여 줄 테니까 어떤 방법으로 설명했는지 맞추어 봐."

> 태극기에 담긴 뜻을 알아보자. 흰색 바탕은 밝음과 순수, 평화를 사랑하는 우리 민족성을 나타낸다. 태극 문양은 우주 만물이 양의 기운과 음의 기운이 조화를 바탕으로 만들어지고 발전한다는 자연의 이치를 나타낸다. 사괘에서 건은 하늘, 곤은 땅, 감은 물, 이는 불을 상징한다.

"태극기 하나를 여러 부분으로 나누어 자세히 설명했으니까 '분석'인 것 같아."

"정답! 그럼 악기를 소리 내는 방법을 기준으로 현악기, 관악기, 타악기로 나누어 설명하는 것은 어떤 방법일까?"

"기준을 나누어 설명하는 거니까 '분류'!"

"좋았어. 설명문, 설명하는 글을 쓸 때는 무엇이 제일 중요할까?"

"글쎄, 정확해야 한다?"

"거의 맞았어. 설명하는 글은 자신의 생각이 아니라 객관적인 사실, 정보를 읽는 사람에게 알기 쉽게 전달하는 글이야. 그래서 설명하는 글을 쓸 때는 인터넷, 백과사전, 신문 등 매체에서 자료를 수집하고 필요한 정보를 정리하는 과정이 꼭 필요해. 그럼 오늘의 숙제! '악기의 종류'를 주제로 분류하여 설명하는 글을 써 봐."

"뭐? 너무 어렵잖아!"

"별로 어려운 주제는 아니니까 엄살떨지 마. 아까 말한 것처럼 소리 내는 방법을 기준으로 현악기, 관악기, 타악기로 나누어서 써 봐. 직접 설명문을 써 보는 것만큼 설명문을 배우는 데 좋은 공부는 없지. 이 숙제를 통과하지 못하면 엄마가 안 계신 동안 식사는 네 담당이다."

"헉, 너무해!"

역시 명불허전, 악랄한 나독해다. 나는 배고픔을 참으며 인터넷 백과사전을 검색하고 글을 하나 써서 제출할 수밖에 없었다.

악기는 소리를 내는 방법에 따라 현악기, 관악기, 타악기로 나눌 수 있다.
현악기는 줄을 튕기거나 마찰시키는 방법으로 소리를 내는 악기다. 현악기에는 바이올린, 첼로 등이 있다.

관악기는 입으로 불어서 소리를 내는 악기다. 관악기에는 클라리넷, 트럼펫, 플루트, 호른 등이 있다.

타악기는 손이나 채로 치거나 부딪쳐서 소리를 내는 악기다. 타악기에는 큰북, 작은북, 트라이앵글 등이 있다.

만점 비법 노트

설명문 완전 정복하기 비법

☞ 교과 연계 : 5학년 1학기 5. 대상의 특징을 살려

　설명문(설명하는 글)은 읽는 사람에게 어떤 지식이나 정보를 알기 쉽게 전달하는 것을 목적으로 하는 글이다. 설명문의 종류에는 안내문, 설명서, 기사문, 사전, 전문 서적, 보고문 등이 있다. 설명문을 쓰는 방법과 여러 가지 설명 방법은 초등학교 고학년은 물론 중학생이 되어서도 계속 배운다. 지금부터 설명문을 샅샅이 파헤쳐 보자.

■ 대상의 특성을 살려 설명하는 방법

- 분석 : 전체를 여러 부분으로 나누어 설명하는 방법이다.
- 분류 : 일정한 기준에 따라 같은 것끼리 묶어서 설명하는 방법이다.
- 비교와 대조 : 두 가지 이상의 대상에서 공통점을 찾아 설명(비교)하거나 차이점을 찾아 설명(대조)하는 방법이다.

- **대상의 특성을 살려 설명하는 글을 쓰는 방법**
  - 설명하고 싶은 대상을 정한다.
  - 대상의 특성에 따라 적절히 설명하는 방법을 정한다.
  - 대상의 특성을 쉽게 설명하려고 필요한 자료를 수집한다.
  - 설명 방법에 알맞은 틀을 골라 쓸 내용을 조직한다.
  - 대상의 특성이 잘 드러나게 설명하는 글을 쓴다.

중학국어 톡! Talk?

- **설명문의 특성**
  - 객관성 : 보는 사람의 생각에 상관없이 대상을 바라보는 것이다. 설명문은 정보를 전달하는 글이므로 사실에 바탕을 둔 객관적인 글이어야 한다.
  - 정확성 : 내용이 바르고 확실해야 하며, 애매모호한 내용이나 표현을 쓰지 않아야 한다.
  - 평이성 : 내용이 어렵지 않고 쉬워야 한다.

- **설명문의 짜임**
  - 처음(머리말) : 설명 대상, 설명 이유 등을 밝힌다.
  - 가운데(본문) : 설명문의 여러 가지 설명 방식에 따라 설명 대상을 구체적으로 설명한다.
  - 끝(맺음말) : 핵심 내용을 간단하게 정리하고 마무리한다.

- **여러 가지 설명 방식**(분석, 분류, 정의, 묘사, 예시, 비교와 대조 등)
  설명 대상을 효과적으로 설명하면서 독자의 이해를 높이려고 여러 가지 설명 방식을 사용한다.

- 정의 : 용어의 뜻을 풀이하거나 개념을 규정한다.

    예) 어느 한 시기에 널리 쓰이다가 사라지는 새로운 말을 유행어라고 한다.

- 묘사 : 그림을 그리듯이 설명한다.

    예) 길 오른편은 가파르게 경사진 곳이고, 왼편은 소나무 숲이었다. 이 사이로 외발자국 오솔길이 나 있었다. 여름이면 쑥과 뱀딸기 덩굴로 해서 거의 덮이다시피 되는 길이었다.

- 예시 : 구체적인 예를 들어 설명한다.

    예) 나이에 따라 즐겨 낭송하는 시도 달라진다. 젊었을 때는 서정주의 '화사', 박인환의 '목마와 숙녀', 나이가 좀 들어서는 정지용의 '향수'를 읊조렸다.

10
5학년 5반 학급 백일장이 열리다

"오빠, 내일 학급 백일장한대."

"학급 백일장? 글쓰기 대회야?"

"학교에서 하는 대회는 아니고, 우리 반만 하는 건가 봐. 1등으로 뽑히면 문화상품권 선물로 주신대."

"오, 선물이 센데? 주제는 이야기 안 하셨고?"

"응."

"오빠는 '학교 폭력'을 주제로 논설문을 써서 장원 급제를 했었지. 그때 반에서 진짜 괴롭힘을 당하던 친구가 있었거든. 실제로 그 글이 학교 웹사이트에 게시되고 화제가 되니까 그 친구를 괴롭히던 아이들이 찔려 하는 것 같기도 했어."

"논설문?"

"응. 자신의 주장을 논리적으로 쓰는 글을 논설문이라고 해. 내일 학교에 가서 어떤 주제가 나오든 네 생각을 솔직하게 써."

"솔직하게?"

"응. 시를 쓰든 산문으로 쓰든 요즈음 너의 솔직한 마음을 써."

요즈음 나의 솔직한 마음이라……. 내 마음은 공사 중에서 천천히 복구되어 상처가 아무는 중이었다.

다음 날 아침, 1교시부터 학급 백일장이 열렸다. 2~3교시가 되면 우리 머릿속이 점점 멍해질 것이라는 이유 때문이었다. 칠판에 '5학년 5반 학급 백일장'이라고 크게 써 있었다.

"시도 좋고, 동화 같은 이야기도 좋고, 일기처럼 쓴 글도 좋아요. 주제도 여러분이 쓰고 싶은 것으로 마음껏 쓰세요."

"나는 시로 써야겠다."

"나도."

김상민은 시가 짧으니까 빨리 쓰고 잠이나 자야겠다고 말했다. 대부분의 아이가 시를 쓰는 것 같았다. 하지만 나는 시를 배운 후로 많은 생각과 감정을 짧은 단어로 표현해야 하는 시가 더 어렵게 느껴졌다. 그냥 내 생각을 일기처럼 편하게 쓰기로 했다.

선생님은 줄을 그은 A4용지를 나누어 주셨다. 교실에는 사각사각, 아이들이 연필로 무언가 쓰는 소리만 가득했다. 하얀 종이에 연필로 써 내려가는 느낌이 좋았다.

나를 싫어하는 사람 VS 좋아하는 사람

어느 날 우연히 누군가가 나를 나쁘게 이야기한다는 것을 알게 되었다. 나와 같은 나이라면, 이런 경험이 한 번쯤은 있을 것이다. 처음에는 너무 화가 나고 슬프고, 학교도 다니기 싫었다. 똑같이 뒤에서 욕할까, 왜 그러냐고 따져 볼까 하면서 심각하게 고민도 해 봤다. 그렇지만 내 마음이 편해지려고 이런 생각을 고쳐 보기로 했다.

먼저, 나에게 나쁘게 행동한다고 똑같이 복수한다면 나도 똑같은 사람이 된다. 내 고민을 들은 엄마는 이렇게 말씀하셨다. 잘못된 행동을 하는 사람을 보고 똑같이 따라 하면 나도 그 사람과 똑같다고. 누가 나를 욕한다고 그 사람을 욕하고 시비를 건다고 같이 싸우면, 나도 수준이 똑같이 낮아진다. 누가 잘못된 행동을 하면 '나는 다음에 저러지 말아야지'라고 생각하며 그냥 넘기라는 엄마의 말씀을 마음속에 깊이 새기기로 했다.

그리고 곰곰이 생각해 보면, 나도 비슷한 행동을 한 적이 있다. 대놓고 욕하지는 않았지만 이유 없이 누군가를 미워한 적이 있다. 그 친구한테 직접 이야기하지는 않았지만, 가족한테 나쁘게 이야기한 적은 있다. 그런데 알고 보니 그렇게 나쁜 친구는 아니었다. 그러므로 나도 완전히 결백하다고는 할 수 없다. 사람은 누구나 실수를 한다고 생각하고 가볍게 넘어가자.

모든 사람이 나를 좋아할 수는 없다. 내가 특별히 잘해 준 것이 없는데도 나에게 잘해 주는 사람이 있는가 하면, 이유 없이 싫어하는 사람도 한 명쯤은 꼭 있다. 나를 싫어하는 사람에게 주목할 것인가, 아니면 나를 좋아하는 사람과 즐거운 시간을 보낼 것인가. 가족과 친한 친구, 나를 좋아하는 사람들과 행복한 시간을 보내기에도 모자란 시간이다. 나를 싫어하는 사람보다 나를 좋아해 주는 사람들에게 더 신경 쓰고 잘해 주자.

글을 쓰다 보니 앞으로 어떻게 해야 할지, 내 마음을 어떻게 다스려야 할지 정리가 되었다. 이렇게 긴 글을 쓴 것은 처음이어서 신기했다. 글짓기 대회를 할 때마다 쓸 말이 없어서 한 장을 채우기 힘들었는데, 엄마에게 들은 말과 직접 경험하고 고민한 내용으로 채우니 글을 술술 쓸 수 있었다.

"이름은 보이지 않게 뒷면에 쓰세요. 그리고 다 쓴 사람은 앞으로 나와서 칠판에 자석으로 붙이세요."

친구들이 하나둘씩 나와서 칠판에 글을 게시했다. 어느새 초록색 칠판이 친구들이 쓴 글로 온통 뒤덮였다.

"1모둠부터 나와서 자기가 쓴 글 이외에 마음에 드는 글, 잘 썼다고 생각하는 글을 두 편 골라서 하트 스티커를 붙여 주세요."

하트 스티커라 페이스북이나 인스타그램에서 '좋아요'를 표시하는 느낌이다. 왜 이름을 뒷면에 쓰라고 하셨는지 알 것 같았다. 쓴 사람 이름이 보이면 글투표가 아니라 인기투표가 될 수도 있기 때문이다. 나는 스티커를 한 개도 못 받으면 어떻게 하지? 창피할 것 같아서 걱정이 되었다.

6모둠까지 나와서 스티커를 다 붙이고 자리로 돌아갔다. 선생님은 종이를 다시 걸고는 몇 분 동안 스티커 수를 셌다.

"여러분이 투표한 글로 1등, 2등, 3등까지 정해서 상품을 주겠어요. 여러분이 투표한 글로 상을 주는 이유는 어른인 선생님보다는 같은 또래 친구들의 마음을 움직인 글이 더 좋은 글이라고 생각하기 때문입니다. 자, 먼저 3등 부를게요. 친구 이름을 부를 때 박수로 칭찬해 주세요. 백장미!"

"와!"

백장미 그룹 아이들이 유난히 더 크게 소리를 지르며 박수를 쳤다.

"장미는 수업 시간을 주제로 동시를 재미있게 잘 썼어요. 다음으로 2등을 부르겠습니다. 2등 친구는 9표를 받았어요. 나동화, 축하해요!"

전혀 예상하지 못했는데 내 이름을 부르셔서 깜짝 놀랐다. 얼떨결에 앞으로 나가 선생님이 주시는 상품을 건네받았다.

"동화가 요즈음 책을 많이 읽더니 글 솜씨가 많이 늘었더라. 축하해."

요즈음 책을 많이 읽는다고 선생님이 알아주시고 글도 칭찬해 주셔서 기뻤다.

"이제 대망의 1등, 5학년 5반 백일장에서 장원 급제한 사람을 부를게요. 13표를 받은 윤시인! '시인'이라는 이름에 걸맞게 아주 멋진 시를 썼어요."

"우아, 그러면 시인이 문상 받는 거예요? 부럽다."

역시 1등은 윤시인일 줄 알았다. 1등 상품은 어제 예고한 대로 5000원짜리 문화상품권 두 장이다. 나라면 엄청 기쁠 것 같은데, 윤시인은 웃지도 않고 차분한 표정으로 상품을 받았다. 그런데 자세히 보니, 귀가 또 새빨개져 있었다. 잘 웃지 않아서 그렇지, 알고 보면 부끄러움이 많은 아이인가? 관점에 따라 사람이나 사물이 다르게 보인다는 것을 배웠기 때문인지 윤시인을 새로운 관점에서 생각해 보게 되었다.

2등 상품은 5000원짜리 문화상품권 한 장이었다. 선생님이 이번에 정말 크게 투자하신 것 같다. 그동안 받았던 어떤 상장보다도, 오늘의 상이 기쁘고 뿌듯했다. 일단 친구들이 뽑아 준 상이었고, 글쓰기나 국어와 관련된 상을 받은 것은 태어나서 처음이었기 때문이다.

1등이 윤시인인 것도 전혀 질투나지 않았다. 2등으로 뽑힌 것만 해도 기뻐서 팔짝 뛰고 싶었다. 게다가 알고 보니 윤시인이 쓴 글은 나도 스티커를 붙인 글이었다. 나는 쉬는 시간에 칠판에 붙은 그 아이의 글을 다시 한 번 읽어 보았다.

편지

전하지 못한 말을
어느 외딴 숲
나무에 대고 말한다.

종이에 차마 담지 못하고
산산이 흩어진 말을
풀잎에 빗방울로 쓴다.

닿지 못하는 마음을
텅 빈 하늘에
노을빛 연필로 쓴다.

혹시 새로운 소식이 있지 않을까
우편함을 열어
손을 뻗어 본다.
괜히 멋쩍어진 내 손

오늘도 전하지 못한 편지를
깊은 밤 꿈결에 실어 보낸다.

무슨 남자아이가 이렇게 감수성이 풍부하지? 잘은 모르지만, 이런 시는 구운 마시멜로처럼 마음이 말랑말랑하고 따뜻해야 쓸 수 있을 것 같다.

만점 비법 노트

논설문 완전 정복하기 비법

☞ 교과 연계 : 6학년 1학기 9. 주장과 근거

논설문(주장하는 글)은 자신의 주장을 논리적으로 전개하는 글이다. 논술, 신문에 실린 사설, 논문 등도 자신의 주장을 펼치는 글이므로 논설문에 해당한다.

■ 논설문의 짜임

- 서론 : 글을 쓰게 된 문제 상황이나 주장을 밝힌다.
- 본론 : 글쓴이가 한 주장의 근거와 근거를 뒷받침하는 내용으로 구성한다.
- 결론 : 글의 내용을 요약하고, 글쓴이의 주장을 다시 한 번 강조한다.

- **논설문 쓰기 비법**
    - 문제 상황을 파악한다.
    - 자신의 주장을 정한다.
    - 주장을 뒷받침하는 근거를 찾는다.
    - 근거를 뒷받침하는 자료를 찾는다.
    - 자신의 주장과 계획을 바탕으로 하여 개요를 작성한다.

        예) 〈개요〉 논설문 주제 : 기념일은 없어져야 한다.

서론	선물만 중요시하는 불필요한 기념일은 이제 없어져야 한다.
본론	아이들은 기념일의 의미보다는 주고받는 선물에만 관심이 많다.
	어른들은 기념일을 이용하여 이익을 얻으려고 아이들에게 특정한 물건을 사도록 유도한다.
	기념일 때문에 오히려 마음에 상처를 받는 아이들도 생기고 있다.
결론	지나친 소비와 아이들의 마음을 상하게 하는 기념일은 없어져야 한다.

    - 작성한 개요를 바탕으로 서론, 본론, 결론이 드러나도록 논설문을 쓴다.

- **논설문을 쓸 때 주의할 점**
    - 개인적인 느낌이나 감정을 표현하지 않고, 사실과 의견만 쓴다.
    - 문장을 짧고 명확하게 쓴다. 문장이 길어지지 않도록 주의한다.
    - 주장과 관련 있는 근거를 썼는지 생각한다.
    - 근거가 많은 사람이 동의할 수 있는 내용인지 생각한다.
    - 구체적이고 믿을 수 있는 근거인지 살펴본다.

— 근거를 뒷받침하는 자료의 출처를 믿을 수 있는지 확인한다.

※ 글쓰기를 자세히 공부하고 싶다면 『초등 5학년 글쓰기 실력을 키워라』를 참고하여 연습해 보세요.

독해력을 키우는 비문학 독해 비법

앞에서 배운 설명문, 논설문 등 비문학은 지문을 어떻게 읽어야 할까? 그냥 읽으면 될까? 이렇게 하면 시간만 오래 걸리고 내용은 제대로 파악하지 못한다. 내용을 정확하고 효과적으로 파악하는 독해력을 기르려면 전략적으로 글을 읽는 습관을 들여야 한다. 교과서나 신문, 독해 문제집(예 독해 비타민) 중 하나를 선택하여 매일 하나씩 지문을 읽고, 다음 연습을 꾸준히 한다면 독해력은 일취월장할 것이다.

■ 글의 중심 내용 파악하기

1 글의 핵심어 찾기

'핵심어'는 글에서 가장 중요하게 다루는 대상을 의미한다. 여러 문장에 걸쳐 반복해서 나오는 핵심어에 표시를 한다.

예 핵심어 : 인생의 목적지

> **내 인생의 목적지** (6학년 2학기 국어 교과서 3단원에 실린 글)
>
> "요즈음 즐겁지 않아요. 뭐, 신나는 일이 있어야 말이죠."
> 이런 말을 선뜻 내뱉는 사람이 많아졌다. 꿈이 없는 사람이 이렇게 말하는 경우가 많다. 자신이 정말 하고 싶은 일이나 도달하고 싶은 ⊙목적지⊙가 없으니 당연히 재미가 없다. 무엇을 해야 신나고, 어떻게 해야 즐거운지 모른다. 지금 자신이 어디에 서 있는지도 모를 것이다. 이렇게 꿈이 없다면 삶은 활력을 잃게 된다. ← 핵심어
> ⊙목적지⊙가 뚜렷하면 현실이 비록 힘들고 고되어도 힘이 난다. 해야 할 일이 있고, 하고 싶은 것이 있기 때문에 힘들고 지칠 때마다 빛나는 꿈을 향하여 한 걸음 한 걸음 다가가는 자신의 모습을 떠올리며 힘을 낼 수 있다. ← 중심문장
> (시장에서 40년 동안 순대를 팔아 모은 돈으로 가난한 학생들에게 장학금을 준 한 할머니가 계셨다. 그 할머니께서는 엄동설한에 갈라터진 손으로 힘든 일을 하시면서도 사는 재미가 있다고 말씀하시지 않았다. 할머니의 삶은 겉으로 보면 풍요롭고 편한 것이 아니었다. 할머니께서는 자식도 손자도 없이 외롭게 사셨다. 새벽에 잠도 주무시지 못하고, 늙으신 몸으로 모진 일을 하시면서도 얼굴에는 웃음이 떠나지 않았다. 할머니께서는 분명한 목적을 가지고 일을 하셨기 때문이다.)
>
> (중간 내용 생략)
>
> 명확한 목적이 있는 사람은 험난한 길에서도 앞으로 나아간다. 하지만 아무런 목적이 없는 사람은 순탄한 길에서조차 앞으로 나아가지 못한다. ⊙목적지⊙를 뚜렷하게 세우고, 미래를 위하여 지금 무엇을 해야 할지 정하자. 그에 따라 체계적으로 준비하고 노력하는 사람에게 행복한 삶을 살 자격이 주어진다. ← 중심문장 / 이 글의 주제

2 문단의 중심 문장 찾기

- 중심 문장은 각 문단의 처음이나 끝부분에 흔히 위치한다.
- '예를 들어, 예컨대' 등으로 연결되면서 예시 역할을 하는 문장은 중심 문장이 되기 어렵다(쉽게 설명하려고 자세한 예를 든 것이므로 중요한 내용은 아니다).
  - 예) 장학금을 기부하신 할머니 이야기 → 구체적 예시이므로 중심 문장은 아니다.
- '따라서, 그러므로, 요컨대, 요약하면, 이렇게' 등으로 연결되는 문장은 중심 문장일 가능성이 높다.
  - 예) <u>요컨대</u> 이제는 진정으로 하고 싶은 일이 무엇인지 고민하자.

3 중심 문장으로 문단의 중심 내용 정리하기

　핵심어 + 중심 문장 = 문단의 중심 내용

　　예 중심 내용 : <u>인생의 목적지</u>가 뚜렷하면 현실이 비록 힘들고 고되어도 힘이 난다.

4 각 문단의 중심 내용을 간단하게 요약하여 정리하면 글 전체의 중심 내용이 된다. 중심 내용을 한 문장이나 어구로 간단히 정리하면 글 전체의 '주제'가 된다.

　　예

　　1. 꿈이 없고 인생의 목적지가 없는 사람은 사는 재미가 없다.
　　2. 인생의 목적지가 있으면 힘들고 고된 상황에서도 힘을 낼 수 있다.
　　3. 인생의 목적지를 정하면 시간을 낭비하지 않는다.
　　4. 인생의 목적지가 있으면 삶이 훨씬 더 신나고 재미있다.
　　5. 인생의 목적지를 세우고, 미래를 대비하여 지금 무엇을 해야 할지 정해야 한다.

　　→ 이 글의 주제 : 인생의 목적지를 분명히 하자(글쓴이의 주장).

■ 자주 나오는 비문학 독해 문제 유형

1 핵심어 파악하기

　글에서 가장 많이, 중요하게 나오는 중심 단어를 찾는다.

　　예 이 글은 무엇에 관한 이야기입니까?

2 내용 파악하기

문제와 보기를 먼저 읽은 후 하나씩 점검하면서 본문을 읽는다.

> 예 이 글에 대한 설명으로 바르지 않은 것을 고르시오.
>
> 할머니의 삶에 대한 설명으로 알맞지 않은 것은 어느 것입니까?
>
> 정답 : ③ 힘들게 일을 해서 사는 재미가 없었다. → 할머니의 삶이 재미가 없었다는 내용이 있었는지 확인하며 읽는다(모진 일을 하면서도 얼굴에 웃음이 떠나지 않았다고 했으므로 틀린 내용이다).

3 주제 파악하기, 요약하기

각 문단의 중심 내용을 간단히 요약하고 정리하여 이 글의 중심 내용을 파악한다.

> 예 – 이 글의 주제는 무엇입니까?
>
> – 글쓴이의 의견은 무엇입니까?
>
> – 중심 내용이 잘 드러나도록 이 글을 요약하여 쓰시오(서술형 문제).

4 글의 구조 파악하기

각 문단의 중심 내용이 한눈에 들어오도록 표로 정리한다.

> 예 다음 빈 칸에 들어갈 내용은 무엇입니까?

비단길의 의미	비단길의 의의, 역할	개척자
중국에서 중앙아시아 사막을 거쳐 로마에 이르는 길	( )	장건

정답 : 동양과 서양의 문물, 문화 전달

5 어휘력을 점검하는 문제

어휘력 문제에서는 속담, 고사성어, 낱말의 뜻 등이 출제된다. 문장의 앞뒤 문맥을 살펴서 읽으며 낱말의 뜻을 파악해 보자.

서점에는 속담과 고사성어를 재미있게 가르쳐 주는 책이 많다. 그중 마음에 드는 책을 골라 공부해 보자. 제일 좋은 어휘 공부 방법은 모르는 어휘가 나올 때마다 국어사전을 찾아보고 뜻을 정확하게 알고 넘어가는 것이다.

> 예 다음 중 이 글의 주제와 관련된 속담은 어느 것입니까?
>
> 밑줄 친 ㉠의 뜻은 무엇입니까?

4교시

개념 튼튼!
어휘력 & 문법
만점 비법 노트

11 백지장도 맞들면 낫다

　나는 우리 학교 행복날개동아리에서 활동한다. 행복날개동아리는 전교 임원 다섯 명으로 구성된 봉사동아리로, 한 학기에 두 번 봉사활동을 한다. 1학기에는 해성아동복지관과 학교 근처에 있는 푸른아파트에서 혼자 살고 계시는 노인들을 방문했다. 오늘은 학교에서 가까운 늘푸른노인정을 방문하는 날이다.
　"이번에 가서 쌀 전달해 드리면서 너희가 준비한 장기자랑을 선보일 거야. 그런 다음 안마도 해 드리고 올 거야."
　전교임원 담당 선생님께서 장기자랑을 하나씩 준비하라고 하셨다. 나는 무엇을 할까 고민하다가 작년 학예회에서 했던 것을 똑같이 준비하기로 했다. 플루트로 〈당신은 사랑 받기 위해 태어난 사람〉 연주하기다.
　수요일 5교시가 끝나고 우리가 학교에서 나오자마자 빗방울이 후드득 떨어졌다. 앗, 우산이 없다. 아침에 엄마가 가져가라고 문 앞에 놓아둔 우산을 깜빡 잊고 가져오지 않은 것이 기억났다. 어쩔 수 없이 옷에 달린 모자를 뒤집어쓰고 걸어가는데, 누군가 우산을 씌워 주었다. 윤시인이었다.

"어…… 고마워."

윤시인은 대답도 없이 앞만 보고 걸어갔다. 우리는 그렇게 5분간 말없이 걸었다. 너무 어색해서 빨리 도착했으면 싶었다.

늘푸른노인정에 도착하니 할머니, 할아버지께서 함박웃음을 지으며 우리를 맞아 주셨다.

"에구, 이렇게 어린 친구들이 여기까지 와 주고. 고맙네그려."

"초등학생이면 우리 손자보다 어리고만, 허허."

"할머니, 할아버님. 저희는 푸른초등학교에서 왔습니다. 우리 친구들이 손발을 맞추어 장기자랑을 준비했는데, 박수 많이 쳐 주시고 친구들이 재롱 부리는 것도 귀엽게 봐 주세요."

선생님의 소개 멘트가 끝나고 전교임원 다섯 명의 장기자랑이 바로 이어졌다.

첫 번째 순서는 전교부회장 언니의 아이돌 댄스였다. 언니는 초등학생답지 않게 늘씬한 키를 자랑하며 팔다리를 쭉쭉 피면서 춤을 추었다. 그러나 아이돌 노래에 맞추어 추는 춤이라서 그런지 할머니, 할아버지의 표정이 심드렁했다. 하지만 언니의 미모와 댄스에 반한 나는 입이 마르도록 칭찬을 아끼지 않았다.

"언니, 너무 예뻐요! 춤 너무 잘 추어요. 최고예요!"

"아니야. 잘 못하는데, 고마워."

벼는 익을수록 고개를 숙인다더니, 언니는 아주 겸손한 태도로 대답했다.

다음 순서는 내 플루트 연주였다. 처음 온 장소에서, 처음 보는 분들 앞에서 연주를 하려니 학예회 때 연주한 것보다 열 배는 더 떨렸다. 중간에 몇

군데 틀린 채 연주를 마쳤는데도 모두들 손녀를 바라보듯이 따뜻한 눈빛으로 "잘한다!"며 격려해 주셔서 기뻤다.

마지막 순서는 전교회장 오빠, 전교부회장 오빠, 윤시인 이렇게 전교임원 남학생 세 명의 무대였다. 이 중 전교회장 유진영 오빠는 6학년 사이에서 발도 넓고 끼도 많은 것으로 유명했다. 세 사람의 장기자랑은 트로트 부르기였다. 휴대폰 스피커로 노래 반주가 흘러나오자마자 뒤돌아 있던 세 사람이 미리 준비한 선글라스를 쓴 채 돌아섰다.

할아버지 향한 나의 사랑은 무조건 무조건이야.
할머니 향한 나의 사랑은 특급 사랑이야.
태평양을 건너 대서양을 건너 인도양을 건너서라도
당신이 부르면 달려갈 거야 무조건 달려갈 거야! 짜짜라 짜라짜라 짠짠짠!

6학년 오빠들은 〈무조건〉 노래 가사를 바꾸고는 할머니와 할아버지를 손으로 가리키며 노래를 불렀다. 간주가 나올 때 막춤도 서슴지 않고 보여주었다. 할머니, 할아버지는 손뼉을 크게 치시며 매우 좋아하셨다. 이미 동남아 순회공연을 마치고 온 듯 두 오빠의 자연스러운 무대매너가 돋보였다. 그에 비해 윤시인은 나무토막처럼 뻣뻣하게 서서 어색한 표정으로 노래를 불렀다. 아무래도 트로트 부르면서 춤추기 싫은데 오빠들이 같이 하자고 해서 억지로 하는 모양이다. 부끄러운지 얼굴이 터질듯이 새빨개져서 안쓰러울 지경이었다.

  짧은 장기자랑 시간이 끝나고 우리는 한 명당 세 분씩 맡아서 안마를 해 드렸다. 나도 어설프게나마 손을 꼼지락거리며 열심히 안마를 했다. 옆을 슬쩍 보니 윤시인이 어떤 할머니와 다정하게 이야기를 나누고 있었다.

"아이고, 시원하다. 안마를 왜 이렇게 잘하누?"

"저희 할머니께 자주 해 드리거든요."

"할머니랑 같이 사는겨?"

"네, 같이 살아요."

"그래서 그런지 참 예의가 바르네. 될성부른 나무는 떡잎부터 안다고 커서 훌륭한 사람이 되겠어."

"감사합니다."

'할머니랑 같이 사는구나. 무뚝뚝할 줄 알았더니 생각보다 할머니랑 이야기를 잘하네.'

  안마가 끝난 후 우리는 마지막 인사를 드렸다.

"할머니, 할아버지. 건강하게 오래오래 사세요."

"오냐, 고맙다."

노인정을 나오니 아직도 빗방울이 조금씩 떨어지고 있었다. 무언가 마음이 꽉 찬 것 같고 뿌듯했다. 오랜만에 착한 일을 해서 그런가 보다. 천 리 길도 한 걸음부터라고, 아주 작은 일이라도 다른 사람을 위해 노력하면 사회에 보탬이 된다던 아빠 말씀이 떠올랐다.

"얘들아, 오늘 고생 너무 많았다. 백지장도 맞들면 낫다더니, 너희랑 같이 힘을 모은 노인정 방문 아주 성공적이었어. 선생님이 다음 전교회의 시간에 간식 쏠게!"

"와!"

윗물이 맑아야 아랫물이 맑은 것처럼 봉사활동에 열심히 참여하고 항상 격려해 주시는 선생님을 보면서 우리도 더 열심히 참여하게 된다.

"비 오는데 조심해서 집에 가. 동화는 우산 없어? 비가 계속 오는데 어떻게 하지?"

선생님은 우산이 없는 나를 걱정스러운 눈빛으로 쳐다보셨다.

"제가 같이 쓰고 갈게요. 같은 아파트 살아서요."

"그래. 그럼 시인이가 가는 길이 같으니까 함께 쓰고 가렴."

얼떨결에 윤시인과 집에 같이 가게 되었다. 그러고 보니 우리는 같은 아파트에 산다. 뭐, 우리 반 아이 중 열 명 넘게 같은 아파트에 살다 보니 거의 다 이웃사촌이다.

아까처럼 윤시인은 말이 없었다. 어색한 침묵을 못 견디는 내가 말문을 떼기로 했다.

"너 안마 잘하나 보더라? 할머니들이 엄청 시원해 하시던데?"

"응. 잘해."

"근데 트로트는 영 아니었어, 알지?"

"어, 인정."

"오빠들 안 시켰으면 어쩔 뻔했어. 무대매너가 거의 설운도, 태진아 급이었어."

"응, 진영이형 그 노래 전교회장 선거 방송 때도 잠깐 불렀었어."

"야, 근데 너는 김상민이랑 왜 친하게 지내니?"

"알고 보면 그렇게 나쁜 아이는 아니야."

시시콜콜한 이야기를 나누다 보니 어느새 집 앞에 도착했다.

"다 왔네. 오늘 우산 씌워 주어서 고마워."

"응. 잘 들어가."

우리는 어색하게 손을 흔들며 헤어졌다. 나는 우산을 쓴 채 성큼성큼 걸어가는 윤시인의 뒷모습을 보면서 예전에 배운 속담이 하나 떠올랐다.

'열 길 물속은 알아도 한 길 사람 속은 모른다.'

사람의 마음은 겉모습만 보고는 알기 어려운 것 같다. 내가 처음에 생각했던 것보다 윤시인의 실제 성격은 훨씬 더 착한 것 같다.

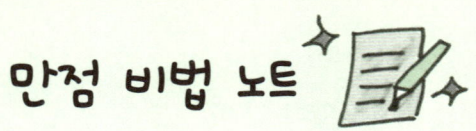

관용표현 자유자재로 사용하기 비법

☞ 교과 연계 : 6학년 2학기 4. 효과적인 관용표현

　관용표현은 원래 뜻과는 다른 새로운 뜻으로 굳어져 쓰는 표현이다. '발이 넓다'에서 '발'은 신체 부위가 아니라 아는 사람의 범위, 활동 범위를 의미한다. 즉, '발이 넓다'는 아는 사람이 많아 활동 범위가 넓다는 의미다. 관용표현은 둘 이상의 낱말이 모여 새로운 뜻을 나타내거나 습관적으로 쓴다. 관용표현에는 관용어(예 손이 크다)와 속담(예 천 리 길도 한 걸음부터) 등이 포함된다. 즉, '관용표현＝관용어＋속담'이다.

■ **관용표현을 사용하면 좋은 점**
　- 짧은 말로 자신의 생각을 표현할 수 있다.
　- 재미있는 표현이어서 듣는 이의 관심을 불러일으킬 수 있다. 글의 처음 부분이나 마지막 부분에 관용표현을 적절하게 사용하여 읽는 이의 관심을 불러일으킬 수 있다.
　- 듣는 이의 기분을 상하지 않게 표현할 수 있다.
　　예
　　◦ 관용표현을 사용하지 않고 직접적으로 표현할 때 : 잘하는 건 알지만 너무 잘난 척을 하는 것 같아. 조금 더 겸손했으면 좋겠어. → 기분이 상할

수 있는 표현이다.

- 관용표현을 사용할 때 : 벼 이삭은 익을수록 고개를 숙인다고 하는데…….

■ 이야기에 나온 관용표현 살펴보기

- 손발을 맞추다 : 함께 일을 하는 데 마음이나 의견, 행동을 서로 맞추다.

- 벼는 익을수록 고개를 숙인다 : 뛰어난 사람일수록 겸손하고 남 앞에서 자기를 내세우려 하지 않는다.

- 발이 넓다 : 아는 사람이 많아 활동 범위가 넓다.

- 될성부른 나무는 떡잎부터 안다 : 크게 될 사람은 어릴 때부터 뛰어나다.

- 천 리 길도 한 걸음부터 : 아무리 큰일도 처음에는 작은 일부터 시작하며, 그것이 쌓여서 큰 성과를 이룬다.

- 백지장도 맞들면 낫다 : 쉬운 일이라도 서로 협력하면 더 쉽게 할 수 있다.

- 윗물이 맑아야 아랫물이 맑다 : 윗사람의 행동을 아랫사람이 따라 배운다.

- 열 길 물속은 알아도 한 길 사람 속은 모른다 : 사람의 속마음을 알기란 매우 어렵다.

- **관용표현과 그것을 사용하는 예**

관용표현	사용 예
백지장도 맞들면 낫다.	친구와 같이 물건을 옮길 때
공든 탑이 무너지랴.	열심히 공부하는 친구를 격려할 때
손이 크다.	한꺼번에 물건을 많이 살 때
무소식이 희소식	연락이 없는 사람의 소식을 기다릴 때
소 잃고 외양간 고친다.	미리 준비하지 않아 일을 그르친 뒤에 후회할 때
손발을 맞추다.	친구들과 함께 행사 준비를 할 때

- **글 속에 나타난 관용표현의 뜻을 익히는 방법**
  - 앞뒤 문맥을 생각하며 뜻을 짐작한다.
  - 관용표현을 사용하여 짧은 문장을 만들어 본다.
    - 예 '부뚜막의 소금도 집어 넣어야 짜다'는 말처럼 좋은 의견이 나와도 실천하지 않으면 아무런 의미가 없다.

- **우리 몸과 관련된 여러 가지 관용어**
  - 눈
    - 눈에 띄다 : 두드러지게 드러나다.
    - 눈을 돌리다 : 관심을 돌리다.
    - 눈을 붙이다 : 잠을 자다.
    - 눈이 높다 : 안목이 높다.
    - 눈이 많다 : 보는 사람이 많다.

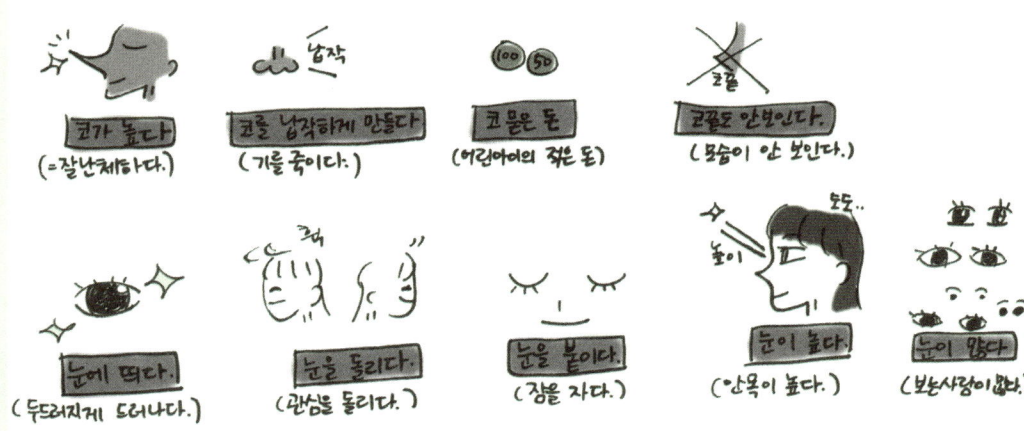

- 코
  - 코가 높다 : 잘난 체하고 뽐내는 기세가 있다.
  - 코를 납작하게 만들다 : 기를 죽이다.
  - 코 묻은 돈 : 어린아이가 가진 적은 돈
  - 코가 꿰이다 : 약점이 잡히다.
  - 코끝도 안 보인다 : 도무지 모습을 나타내지 않다.

- 귀
  - 귀가 얇다 : 남의 말을 쉽게 받아들인다.
  - 귀가 따갑다 : 너무 여러 번 들어서 듣기 싫다.
  - 귀에 익다 : 들은 기억이 있다.
  - 귀를 의심하다 : 믿기 어려운 이야기를 들어 잘못 들은 것이 아닌가 생각하다.

- 발
    - 발을 빼다 : 어떤 일에서 관계를 완전히 끊고 물러나다.
    - 발이 넓다 : 아는 사람이 많다.
    - 발을 구르다 : 매우 안타까워하거나 다급해 하다.
    - 발이 길다 : 음식을 먹는 자리에 우연히 가게 되어 먹을 복이 있다.

12 예상하지 못한 선물

월요 방송이 끝나고 교실로 돌아가는 중이었다. 나는 윤시인과 나란히 걷지 않고 조금 뒤에서 천천히 걸었다. 그때 갑자기 윤시인이 뒤를 돌아보더니 들고 있던 쇼핑백에서 무언가 꺼내서 내밀었다.

"이게 뭐야?"

"선물."

"무슨 선물?"

"너 오늘 생일이라며."

나는 너무 놀라 말을 잇지 못했다. 놀라서 얼음처럼 굳은 나를 뒤로 한 채 윤시인은 성큼성큼 걸어 먼저 교실로 들어가 버렸다.

나는 누가 보지 못하게 몰래 화장실에 들어가서 포장을 뜯어보았다. 윤동주의 『하늘과 바람과 별과 시』라는 시집이었다.

언젠가 담임선생님이 영화 〈동주〉 이야기를 들려주신 적도 있었고, 〈무한도전〉에서 윤동주 시인을 주제로 노래

를 만들던 것도 본 적이 있어서 시인의 이름만은 익숙했다. 그렇지만 윤동주 시인의 시를 읽어 본 적은 한 번도 없었다.

시집의 첫 장을 펼쳐 보니 편지지가 한 장 끼워져 있었다.

동화에게

우리 아빠 성함은 윤 '동'자, '주'자야. 할아버지께서 윤동주 시인의 시를 좋아하셔서 그렇게 이름을 지으셨대. 그리고 우리 아빠는 시인처럼 순수한 마음으로 살라고, 내 이름을 '시인'이라고 지으셨고. 이 책은 내가 가장 좋아하는 시집이야.

나는 솔직하고 당당한 네 모습이 보기 좋아. 뭐든지 씩씩하게 열심히 하는 것도 그렇고. 나는 사실 쑥스러움이 많아서 너처럼 솔직하지 못하거든.

앞으로 더 사이좋게 지냈으면 좋겠어. 그리고 나를 너무 미워하지는 말아 줘. 오늘 하루 행복하게 보내. 생일 축하해.

'윤시인 아빠 성함이 윤동주 시인이랑 똑같구나. 시인이 이름에 그런 뜻이 있구나. 이름이 시인이라서 글을 잘 쓰나?'

윤시인은 평소 말투가 무뚝뚝하고 말이 별로 없었는데, 글은 굉장히 다정하게 느껴졌다. 편지를 읽고 나니 뭔가 마음이 간질간질했고, 몹시 부끄러웠다. 돌이켜 보니 그동안 윤시인은 은근히 나에게 친절했다. 복습 노트도 빌려주었고, 지난번 봉사활동 때는 우산도 씌워 주었다. 게다가 이번에는 생일 선물까지 챙겨 주었다.

혹시 우리 반 아이들 생일을 다 챙겨 주었나 싶어 민주에게 물어보았다.

"민주야, 저번 달 네 생일에 혹시 윤시인이 생일 선물 주었어?"

"아니, 걔가 나한테 선물을 왜 줘. 내가 여자 친구도 아닌데."

"아니, 여자 친구 아니어도 같은 반 친구면 줄 수 있는 거 아니야?"

"남자아이들은 원래 자기들끼리도 생일 선물 같은 거 잘 안 챙기지 않아? 여자아이들이나 서로 챙기지. 게다가 걔랑 나랑 친하지도 않잖아. 내 생일이 언젠지도 모를 걸?"

"하긴, 그렇지."

"왜, 걔가 오늘 너한테 생일 선물 주었어?"

"아니! 그럴 리가! 내 영원한 숙적인데."

왠지 더욱 부끄러워서 민주에게 사실대로 말하지 못했다. 나는 집에 가서 오빠에게 슬쩍 물어보았다.

"오빠, 어떤 남자아이가 나한테만 생일 선물을 주었는데, 그건 무슨 뜻이야?"

"너한테 복습 노트 빌려주었던 아이가 생일 선물도 주었냐?"

역시 오빠는 눈치가 빠르다.

"어."

"동화야, 너 백 년 동안 겨울잠 자다 깨어난 곰이니?"

"응?"

"곰처럼 둔하다는 말이야!"

"내가 뭐가 둔하다는 거야?"

"딱 보면 모르겠냐. 걔가 너를 좋아하는 거잖아."

"…… 뭐?"

"지난번 너희 반 현장체험학습 사진 보니까 그 녀석 키도 크고 얼굴도 괜찮게 생겼던데. 게다가 전교부회장이고 공부까지 잘한다며. 마치 초등학교 시절의 나를 보는 것 같은 훌륭한 녀석이던데. 그런데 어쩌다 너를 좋아하게 되었을까. 그 친구의 취향도 참 독특하구나."

오빠는 고개를 절레절레 저었다. 그동안 설마 아니겠지 하면서 내 마음 깊숙이 감춰 두었던 의심이 오빠의 말 한마디로 수면으로 올라오고야 말았다.

"선물로 뭘 주었는데?"

"시집."

"제목은?"

"하늘과 바람과 별과 시."

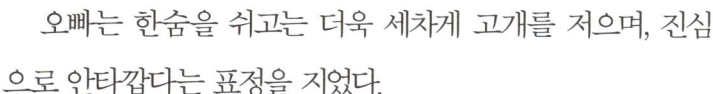

"어린 녀석이 수준 높은 시까지 읽고, 감성적이기까지 하구나. 이렇게 우수하고 감성적인 소년이 너를 좋아하게 되다니."

오빠는 한숨을 쉬고는 더욱 세차게 고개를 저으며, 진심으로 안타깝다는 표정을 지었다.

"오빠, 이쯤에서 그만하는 게 좋을 텐데?"

"너한테 우리 가족이 모르는 미지의 매력이 있나 보다. 대체 그 매력이 뭔지 알 수는 없지만."

"오빠, 1절만 해!"

"난 진심으로 한 소년의 미래가 걱정이 되었을 뿐이야."

오빠는 장난스러운 말투로 말하며 킥킥 웃었다. 공부 비법을

가르쳐 줄 때 오빠는 조금 멋있지만, 역시 평소 모습은 정말 얄밉다.

"오빠, 그런데 '자화상'이 무슨 뜻이야? 시 제목 중 하나가 〈자화상〉이던데."

"야, 모르는 걸 내가 다 떠먹여 주면 나중에 혼자 공부할 때 어떻게 하려고 그래? 쉽게 얻은 지식은 쉽게 머릿속에서 사라지는 법이지. 어휘도 마찬가지야."

나는 딱히 반박할 말이 없어서 조용히 오빠가 하는 말을 들었다.

"유독 국어 과목을 어렵게 느끼고, 국어 문제를 읽어도 무슨 말인지 이해가 잘 안 되는 사람은 모르는 어휘가 많아서 그래. 문제나 보기에 있는 낱말이 무슨 뜻인지 모르기 때문에 문제를 해결할 수 없는 거지."

"그럼 어떻게 해? 세상에는 모르는 낱말이 너무 많은 걸."

"어휘력을 기르는 방법은 간단해. 책을 많이, 집중해서 읽는 거야. 책을 많이 읽으면 어휘력은 저절로 늘어나. 그리고 모르는 낱말이 나올 때 뜻을 확인하고 넘어가는 습관을 기르면 좋아. 그렇다고 모르는 낱말이 나올 때마다 사전을 찾아보면 흐름이 끊기겠지? 연필로 낱말에 살짝 밑줄을 그어 놓고 한꺼번에 사전을 찾아보는 방법을 써 봐. 너만의 어휘 노트를 만들면 도움이 돼."

오빠는 책꽂이에서 낡은 노트 한 권을 꺼내서 보여 주었다. 표지에 '어휘 노트'라고 써 있었다.

현학적 : 학식이 있음을 자랑하는

예문) 현학적 태도, 현학적 말투

긍지 : 자신의 능력을 믿는 당당함. 보람, 자랑

예문) 그는 자신이 경찰인 것에 긍지를 가졌다.

참고) 자긍심 : 스스로에게 긍지를 가지는 마음

모멸감 : 업신여기고 얕잡아 보는 느낌

예문) 사장의 지나친 나무람에 나는 모멸감을 느꼈다.

오빠의 노트에는 낱말의 뜻과 그 낱말을 사용한 문장이 같이 써 있었다.

"와, 이거 오빠가 다 썼어?"

"초등학교 5학년 때부터 책을 읽다가 모르는 낱말이 나오면 사전을 찾아보고 기록한 노트야. 직접 사전에서 찾아서 기록한 낱말은 기억이 훨씬 더 오래 가고, 몰랐던 낱말에서 내가 사용할 수 있는 낱말로 변신하게 돼. 어휘를 많이 알수록 생각의 범위가 넓어진다고 할 수 있지."

오빠는 책을 읽다 모르는 낱말이 나올 때 찾아보라며 국어사전을 내 손에 꼭 쥐어 주고 갔다. 나는 국어사전을 책상 위에 놓고는 오늘 받은 『하늘과 바람과 별과 시』를 다시 꺼내 보았다.

서시   - 윤동주

죽는 날까지 하늘을 우러러
한 점 부끄럼이 없기를.
잎새에 이는 바람에도

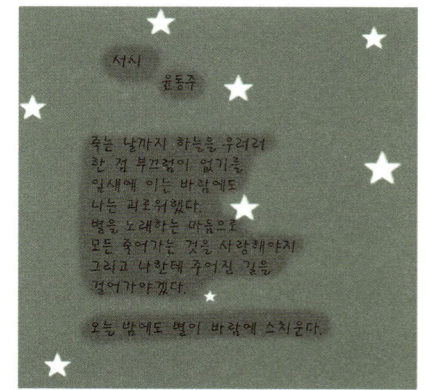

나는 괴로워했다.
별을 노래하는 마음으로
모든 죽어 가는 것을 사랑해야지
그리고 나한테 주어진 길을
걸어가야겠다.

오늘 밤에도 별이 바람에 스치운다.

'서시'가 무슨 뜻인지 몰라 사전에서 찾아보니 '시집의 첫머리에 서문 대신 쓴 시'라고 설명한다. 시인이 책의 머리말 대신에 이 시를 썼나 보다. 겸손하고 담담하면서도 어딘가 비장한 느낌마저 드는 시였다.

자화상 — 윤동주

산모퉁이를 돌아 논가 외딴 우물을 홀로 찾아가선 가만히 들여다봅니다.

우물 속에는 달이 밝고 구름이 흐르고 하늘이 펼치고 파아란 바람이 불고 가을이 있습니다.

그리고 한 사나이가 있습니다.
어쩐지 그 사나이가 미워져 돌아갑니다.

돌아가다 생각하니 그 사나이가 가엾어집니다. 도로 가 들여다보니 사나이는 그대로 있습니다.

다시 그 사나이가 미워져 돌아갑니다.
돌아가다 생각하니 그 사내가 그리워집니다.

우물 속에는 달이 밝고 구름이 흐르고 하늘이 펼치고 파아란 바람이 불고 가을이 있고 추억처럼 사나이가 있습니다.

'자화상'을 사전에서 찾아보니 '스스로 그린 자기 초상화'라고 설명한다. 우물을 보면 자기 얼굴이 보이니까, 자기 자신을 그린 그림이랑 비슷하다고 생각해도 되겠다. 제목으로 짐작해 보면, 시에 나오는 사나이가 시인 자신을 말하는 것 같다. 시인이 우물에 비친 자신의 얼굴을 들여다보니 스스로가 가엾기도 하고 밉기도 하고, 돌아서면 그립기도 한 것 같다.

윤동주 시인은 일본에 지배를 받았던 괴로운 시대를 살았다고 한다. 윤동주 시인처럼 어려운 시대에 태어나지는 않았지만, 가끔은 내가 불쌍하기도 하고 싫어지기도 한다. 또 가끔은 내가 소중하기도 하고 안쓰럽기도 한 그런 미묘한 마음을 느껴 본 적이 있다.

편지의 한 문장이 계속 머릿속에 맴돌았다.

'나는 네가 솔직하고 당당한 모습이 보기 좋아.'

이런 간지러운 느낌이 무엇인지, 수학 문제를 풀듯이 명쾌한 답을 내릴 수 있었으면 좋겠다. 시집을 펼쳐서 조금 읽다가 머리가 복잡해져서 다시 덮었다. 전보다 책을 좋아하게 되었지만, 아직 나에게 시는 어렵다.

만점 비법 노트

국어사전 & 어휘 노트 활용하기 비법

 어휘력을 기르면 어려운 책도 술술 익히고 생각이 깊어지며, 아는 낱말이 많으니 말도 잘하게 된다. 어휘력을 기르는 가장 좋은 방법은 책을 많이, 집중해서 읽는 것이다. 책을 많이 읽다 보면 어휘력은 저절로 키워진다. 책을 읽다가 모르는 낱말이 나오면 연필로 밑줄을 살짝 긋고, 어떤 뜻인지 알고 넘어가면 좋다.

- 책을 읽다가 모르는 낱말이 나오면 국어사전에서 뜻을 찾아본다.
- 어휘 노트에 낱말의 뜻과 그 낱말을 사용한 예문을 함께 적는다.
- 비슷한 말이나 반대말, 관련된 낱말을 같이 기록한다.
- 새로 알게 된 낱말을 사용해서 짧은 글짓기를 한다.

본질 : 본디부터 가지고 있는 사물 자체의 성질이나 모습
    예문) 그 둘은 형태는 다르지만 <u>본질</u>은 같다.
    비슷한 말) 고유

동경 : 어떤 것을 간절히 그리워하여 그것만을 생각한다.
    예문) <u>동경</u>해 온 유학길에 오르다.

비슷한 말) 갈망, 사모

짧은 글짓기) 그 사람은 나의 오랜 동경의 대상이다.

- **나만의 보물상자 노트 활용 비법**
  - 책을 읽다가 마음에 쏙 드는 문장, 훌륭한 문장, 아름다운 문장을 기록한다.
  - 그 문장에서 느낀 내 생각을 간략하게 적는다.

스물 몇 해밖에 살지는 않았지만, '누구 때문이다'는 없는 것 같다는 생각이 들어. 그래, 시작은 누구 때문이었는지 모르겠지만, 결국 자신을 만드는 것은 자기 자신이지. 살면서 받는 상처나 고통 같은 것을 자기 삶의 훈장으로 만드느냐, 누덕누덕 기운 자국으로 만드느냐는 자신의 선택인 것 같아.
→ 결국 자신을 만드는 것은 다른 누구도 아닌 나 자신이다.

어떠한 상황 속에서도 '자신을 사랑하는 일을 포기하지 말라'고 하고 싶습니다. 자신을 사랑하는 일은 상처를 치유하는 첫 걸음일 것입니다.
― 이금이, 『유진과 유진』

하지만 꼬마 모모는 그 누구도 따라갈 수 없는 재주를 갖고 있었다. 그것은 바로 다른 사람의 말을 들어 주는 재주였다. 진정으로 귀를 기울여 다른 사람의 말을 들어 줄 줄 아는 사람은 아주 드물다.

→ 내 말만 소리 높여 하는 것보다는 친구의 말에 귀 기울이는 사람이 되자!

"길 전체를 한꺼번에 생각하면 안 돼, 알겠니? 오로지 다음 한 걸음, 다음 번 한 숨, 다음 번 한 번 비질만 생각해야 돼."
"그러면 기쁨을 누릴 수가 있어. 그게 중요한 거야. 그렇게 하면 자기 일을 잘해 나갈 수가 있어. 그래야만 하는 거야."
"문득 우리는, 한 걸음 한 걸음이 모여서 그 아득한 길이 닦여졌다는 것을 깨닫게 돼. 그 전엔 어떻게 길이 이루어졌는지 도저히 못 깨달았거든. 그걸 알고 나면 우리는 숨이 차지 않게 돼."
– 미하엘 엔데, 『모모』
→ 한꺼번에 이루려고 하지 말고, 하나씩 과정을 즐기면서 나아가는 것이 중요하다.

13 '밥 먹어!' 와 '밥 먹자.'

"동화야, 오빠 밥 먹으라고 해라."
엄마의 말에 나는 오빠의 문을 벌컥 열고 소리쳤다.
"나독해! 일어나! 빨리 밥 먹어. 먹고 다시 자."
"동화야, 너 지금 오빠한테 명령하는 거니? 말을 좀 예쁘게 해 봐."
졸린 눈을 비비며 오빠가 말했다.
"기껏 깨워줬더니만. 그럼 뭐, 어떻게 말하라고?"
"일단 밥부터 먹고 이 오빠가 너에게 가르쳐 주마."
빠른 속도로 밥그릇을 반 정도 비운 오빠가 말을 시작했다.
"네가 아까 나에게 '밥 먹어'라고 말한 건 무언가를 하도록 시키는 문장, 즉 명령문이야. 예절을 중시하는 우리나라 문화로 볼 때, 손아랫사람인 네가 손윗사람인 나에게 명령문을 쓰는 것은 어울리지 않는다고 할 수 있지."
"그럼 어떻게 말하면 되는데?"
"같이 밥을 먹을 거니까 '오빠, 밥 먹자' 이렇게 말해야지. 이것은 무언가를 같이 하자고 말하는 문장이야. 중학교에 올라가면 이런 문장을 청유문이라고 배워. '청유'란 무언가를 같이 하자고 요청한다는 의미지. '같이 놀자', '공놀이하자' 등이 이런 문장이야."

"밥 먹을 때까지 국어 공부를 해야겠니?"

"방금 밥 먹을 때 국어 공부를 해야 되겠냐고 물은 것은 '의문문'이야. 초등학교에서는 의문문을 무엇인가 묻는 문장이라고 배우고, 중학교에서는 의문문이라고 해. 항상 '물음표(?)'와 함께 쓰지."

"우리 아들, 동생 선생님 역할을 톡톡히 하고 있구나. 다음 달 용돈 올려 줄게."

엄마가 자랑스럽다는 듯이 오빠를 쳐다보았고, 오빠는 회심의 미소를 지으며 말했다.

"우리 엄마는 역시 최고시구나! 지금 오빠가 '느낌표(!)'를 사용해서 감탄하면서 말했지? 이건 감탄문이라고 한다."

"엄마가 아니라 용돈에 감탄한 것 같다."

"방금 네가 무언가를 설명했잖아. 그렇게 '마침표(.)'로 맺으면서 무언가를 설명하는 문장은 중학교에서 평서문이라고 배워. 밥 먹으면서 평서문, 의문문, 감탄문, 청유문, 명령문을 다 배웠네."

"그러게. 덕분에 밥 먹다가 체하는 줄 알았어."

"오빠가 이렇게 중학교에서 배우는 용어를 설명해 주는 데는 깊은 뜻이 있어. 초등학교에서 다 배운 내용인데도 중학교 교과서에서 갑자기 용어가 확 바뀌니까 괜히 더 어렵게 느끼지. 오늘은 초등학교 때 배웠던 개념이 중학국어에서 어떤 용어로 바뀌는지 정리해 보자."

만점 비법 노트

중학국어에서 달라진 용어 살펴보기

☞ 교과 연계 : 4학년 1학기 3. 문장을 알맞게

중학교 국어교과서에는 낯선 용어가 많다. 그래서 국어가 갑자기 확 어려워졌다고 느낀다. 하지만 알고 보면 반 이상은 초등학교 때 이미 배웠던 용어를 한자어나 조금 더 어려운 말로 바꾼 것뿐이다. 여러분이 초등학교 교과서로 배우는 낱말이 중학교 교과서에서 어떤 용어로 바뀌는지 살펴보자.

중학국어 용어를 미리 외울 필요는 없다. '배운 낱말이 이런 용어로 바뀌는구나' 하는 정도로 가볍게 훑어보자.

초등국어	중학국어
사물의 이름을 나타내는 낱말 예 개나리, 책상, 학교	명사
사물의 움직임을 나타내는 낱말 예 먹다, 일어나다, 달리다	동사
사물의 성질이나 상태를 나타내는 낱말 예 예쁘다, 조용하다, 젊다	형용사
설명하는 문장 예 어제 공원에 갔어요. / 나는 곰 인형을 좋아한다.	평서문

초등국어	중학국어
함께 하기를 요청하는 문장 예 같이 축구하자.	청유문
무엇을 하도록 시키는 문장 예 열심히 공부해라. / 공을 이쪽으로 던져.	명령문
무엇인가를 묻는 문장 예 점심시간에 뭐하고 놀까?	의문문
느낌을 표현하는 문장 예 오늘은 급식이 정말 맛있구나!	감탄문
동화, 이야기	소설
시를 읽고 떠오르는 장면이나 느낌	심상
시에서 느껴지는 리듬	운율
시에서 말하는 이의 마음	화자의 정서
말하는 이	화자
듣는 이	청자
설명하는 글	설명문
주장하는 글	논설문
이유, 까닭	근거
이어 주는 말 예 그리고, 그러나, 그래서	접속사
토론 주제나 논설문의 주제	논제

초등 5학년, 국어 실력이 평생 성적을 좌우한다

5교시

초등학교 선생님이 콕 찍어 주는 국어 시험 만점 비법 노트

14 찍기의 신이여! 도와주소서

"오늘은 객관식 문제를 푸는 비법을 알려 주마."

"객관식 문제 푸는 비법? 찍기의 신이라도 소환할 거야?"

내 말을 가볍게 무시한 채 독해 오빠는 문제집을 펼치고는 문제 하나를 가리키면서 물었다.

"이 문제를 한 번 풀어 봐. 답이 몇 번인 것 같니?"

5. 다음 중 시의 특성이 아닌 것은? (   )

　① 비유적 표현을 통하여 사물을 표현한다.

　② 시를 읽으면 시의 장면이 생생하게 떠오른다.

　③ 운율이 있어서 리듬감을 느낄 수 있다.

　④ 글쓴이의 생각이나 감정을 함축적인 언어로 표현한다.

　⑤ 인물 사이에 갈등이 나타난다.

"5번?"

"왜 그렇게 생각하는데?"

"5번은 왠지 시 이야기가 아닌 것 같아서."

"그래, 정답이야. 하지만 문제를 푸는 방법이 잘못됐어."

"아니, 5번이 정답인데 뭐가 잘못됐다는 거야?"

"객관식 문제를 풀 때 너처럼 직감으로 고를 때가 많지. 그렇게 풀다 보면 정답률 100%에 도달하기는 어려워. 채점할 때 보면 쉬운 문제인데도 틀릴 때가 많잖아? 방금처럼 대충 감으로 답인 것 같은 번호를 찍거나 골라서 그런 거야."

"그럼 어떻게 풀어야 하는데?"

"국어는 답이 수학처럼 정확한 숫자로 딱 떨어지지가 않아. 객관식 보기도 문장으로 길게 설명되어 있어서 이 답인지 저 답인지 헷갈릴 수 있어."

"맞아. 이 답도 맞는 것 같고 저 답도 맞는 것 같고 그래. 그래서 내가 국어 점수가 잘 안 나오나."

"국어 문제를 풀 때는 정확한 근거를 가지고 풀어야 해. 5번은 문학의 갈래 중에서 동화의 특성을 설명한 내용이야. 1~4번은 시를 설명하고 있는데 혼자 동화를 설명하고 있기 때문에 답이 아니야. 이렇게 답인 근거 또는 답이 아닌 근거를 정확히 들고, 보기 옆에 정답의 근거를 써야 해. 그리고 '비유적 표현', '운율'처럼 시의 특성을 나타내는 핵심어에는 밑줄을 그어서 맞는 설명이라는 근거를 표시해. 나는 모든 객관식 문제를 이렇게 풀어."

5. 다음 중 시의 특성이 아닌 것은? (   )

　① 비유적 표현을 통하여 사물을 표현한다. (○)

② 시를 읽으면 시의 장면이 생생하게 떠오른다. (○)
③ 운율이 있어서 리듬감을 느낄 수 있다. (○)
④ 글쓴이의 생각이나 감정을 함축적인 언어로 표현한다. (○)
⑤ 인물 사이에 갈등이 나타난다. (×) → 동화의 특성

"그리고 문제에서 밑줄이 그어진 부분이 어딘지 한 번 봐."

"아닌?"

"그래. 시의 특성을 고르라는 것이 아니라, 시의 특성이 아닌 것을 고르라는 이야기야. 성질이 급한 학생은 문제를 대충 읽어서 시의 특성을 고르라는 문제로 읽어. 그렇게 되면 시의 특성을 알고 있어도 정반대의 답을 고르게 되지. 생각보다 이렇게 문제를 잘못 읽어서 틀릴 때가 많아. 너도 그런 적 있지?"

"맞아, 답을 두 가지 고르라고 했는데 하나만 골랐거나 반대로 읽어서 아깝게 틀린 적이 많았어."

"문제를 집중해서 정확하게 읽는 것이 중요해. 그리고 모든 문제를 다 푼 후에는 그냥 시험지를 덮어놓지 말고, 1번부터 마지막 문제까지 반드시 검토를 해야 해. 문제를 잘못 읽고 풀지는 않았나, 빠뜨린 문제는 없나 살펴보아야 해. 나는 어느 과목이든 시험을 볼 때마다 세 번 이상 검토를 해. 시험 시간이 남아도 그 시간을 절대 허투루 쓰지 않지. 실제로 잘 풀었다고 생각했는데 잘못 풀었던 문제도 많아. 문제 검토만 제대로 해도 실수를 잡을 수 있고, 과목당 10점 정도 오르는 짜릿한 경험도 할 수 있어."

"세 번이나! 오빠 정말 집요하구나."

"그 집요함이 바로 점수를 올리는 비결이야. 아는 문제를 틀리면 실수해서 틀렸다고 핑계를 댈 때가 있는데, 실수하지 않는 것도 실력이야. 몰라서 틀린 것보다 더 아까운 사례야."

오빠의 집요함에 혀를 내둘렀지만, 이 정도는 해야 만년 국어 만점을 받을 수 있겠다는 생각이 들었다. '실수하지 않는 것도 실력이다.' 나는 오빠의 말을 천천히 되새겼다.

"자, 그럼 문제집의 문제를 다 푼 후에는 무엇을 해야 할까?"

"놀아야지."

1초 만에 튀어나온 대답에 오빠가 나를 흘겨보았다.

"문제를 다 푼 후에는 해야 할 미션이 하나 있어. 바로 오답 다시 보기야."

"아, 오답 노트 같은 거?"

예전에 담임선생님이 오답 노트를 써 보라고 했지만, 따로 검사를 하지는 않았기에 한 번도 써 본 적이 없었다.

"오빠, 틀린 것도 속상한데 오답을 또 다시 보아야 할까?"

"오답 다시 보기가 중요한 이유는 두 가지가 있어. 첫째, 틀린 문제를 다시는 틀리지 않게 도와줘. 원래 사람은 틀린 문제나 실수를 맞힌 문제보다 더 오래 기억해. 그렇지만 틀렸다고 해서 무조건 기억하는 게 아냐. 왜 틀렸는지 알고 넘어가야만 오래 기억할 수 있어. 둘째, 틀린 문제와 관련된 개념을 한 번 더 공부할 수 있어서야. 예를 들어 이 문제집에서 네가 틀린 문제를 한 번 봐."

오빠는 문제집에서 내가 틀린 문제를 펼쳐서 보여 주었다. 내가 빨간색 연필로 틀린 표시를 하고 넘어간 문제였다.

7. 다음 중 동화에 대한 설명으로 알맞은 것은? (   )

　① 어른을 대상으로 한다.

　② 실제로 있었던 이야기를 다룬다.

　③ 한 가지 사건이 펼쳐져 있다.

　④ 인물, 사건, 배경으로 구성되어 있다.

　⑤ 해설과 대사가 나타난다.

"너는 이 문제를 왜 틀렸어?"

"실제로 있었던 이야기가 동화가 되기도 할 것 같아서 2번이 맞는 답인 줄 알고 골랐어."

"4번은 정확하게 동화를 설명한 것인데 왜 안 골랐어?"

문제를 풀었을 당시에 나의 기억을 되새김질해 보았다.

"…… 2번이 맞구나 하고 생각해서 일단 답으로 고르고 나머지 보기는 제대로 읽지 않은 것 같아."

"물론 『우동 한 그릇』처럼 실제로 있었던 이야기를 동화로 쓰기도 해. 하지만 동화는 글쓴이가 실제로 있을 것 같은 이야기를 상상해서 글로 쓴 거야."

오빠는 '실제로 있었던' 낱말에 선을 긋고, 2번 보기 오른쪽에 이렇게 썼다.

　② 실제로 있었던 이야기를 다룬다. (×) → 실제로 있음직한 이야기를 상상하여 글로 쓴다.

"이제 동화가 '실제로 있음직한 이야기를 상상하여 글로 쓴 것'이라는 사실을 확실히 알았으니까, 비슷한 문제가 나오면 맞출 수 있을 거야. 나머지 보기는 네가 직접 핵심어에 밑줄을 긋고, 정답의 근거를 써 봐."

나는 2번을 제외한 각 보기의 핵심어에 밑줄을 긋고는 정답이 4번인 근거를 오른쪽에 썼다.

7. 다음 중 동화에 대한 설명으로 알맞은 것은? (   )
   ① <u>어른</u>을 대상으로 한다. (×) → 어린이
   ② <u>실제로 있었던</u> 이야기를 다룬다. (×) → 실제로 있음직한 이야기를 상상하여 글로 쓴다.
   ③ <u>한 가지</u> 사건이 펼쳐져 있다. (×) → 여러 가지 사건
   ④ <u>인물, 사건, 배경</u>으로 구성되어 있다. (○) → 동화 구성의 3요소 : 인물, 사건, 배경
   ⑤ <u>해설과 대사</u>가 나타난다. (×) → 희곡의 특성

"오, 나동화 제법인데. 5번 보기가 희곡을 설명한다는 걸 잘 알아냈네. 잘했어. 마지막으로 할 일이 있어."

"또 할 게 있어?"

"이 문제는 문학의 갈래와 관련된 문제야. 이 단원의 학습목표는 '동화, 시, 희곡의 특성을 알아봅시다'야. 그래서 계속 동화, 시, 희곡의 특성을 묻는 문제가 자주 나올 수밖에 없어. 동화를 묻는 문제이지만 5번 보기에 희곡의 특성 설명이 나오잖아. 희곡의 특성을 잘 알고 있다면 5번을 고르는 함정에 빠지지 않는 거지."

"문제에서 묻고 있는 동화를 노트에 정리하고, 동화뿐만 아니라 시와 희곡의 특성도 함께 정리하는 것이 도움이 돼. 동화 문제가 나왔을 때 시와 희곡도 함께 정리하면서 자연스럽게 이 단원을 복습하는 거야. 앞으로 문학의 갈래 단원에서 나오는 문제 정답을 맞힐 확률이 높아지지. 정리할 때는 교과서에 정리된 부분이나 문제집 요점 정리를 참고하되, 보지 않고 써야 오래 기억할 수 있어. 지금 한 번 연습해 봐."

나는 문제집 요점 정리를 한 번 읽고, 복습 노트에 정리했다. 복습 노트에 쓸 때는 문제집을 다시 보지 않고 기억해서 쓰려고 했다.

"그리고 다음에 희곡 문제를 틀리면 희곡뿐만 아니라 네가 정리한 시, 동화, 희곡을 모두 다시 한 번 읽어 보고 공부하는 거야. 이렇게 문제를 풀면서 관련된 개념을 복습하는 방법으로 공부하면 좋은 점이 세 가지 있어. 첫째, 처음 부분부터 끝부분까지 무조건 외우는 것보다 지루하지 않아. 문제를 채점하면서 관련된 요점 정리를 한 번 보니까 그냥 요점 정리를 외우는 것보다 생동감 있게 공부할 수 있어. 둘째, 문제를 풀면서 공부하기 때문에 실전 연습이 돼. 셋째, 중요한 내용을 반복해서 복습할 수 있어."

오빠의 체계적인 공부 방법에 깜짝 놀라지 않을 수 없었다. 역시 전교 1등은 아무나 하는 것이 아니었다. 오빠는 나랑 세 살밖에 차이가 나지 않는데, 언제 저렇게 공부의 왕도를 터득했을까.

오답을 꼼꼼히 확인하고 관련된 개념을 폭넓게 공부하는 방법은 그동안 건성건성 공부했던 방법과는 달랐다. 문제집 요점 정리를 달달 외우거나 문제를 풀고 무심코 넘어갈 때보다 제대로 공부할 수 있을 것 같다. 이렇게 한 번 공부해 보고 싶다. 기대감으로 가슴이 두근거렸다.

만점 비법 노트

객관식 문제풀이 & 함정 피하기 & 오답 다시 보기 비법

"나 이 문제 아는데 실수로 틀렸어."라는 말은 핑계일 뿐이다. 실수하지 않는 것도 실력이다. 공부를 잘하는 학생도 객관식 문제를 잘못 읽거나 심지어 답을 쓰지 않고 비워 두어서 틀릴 때가 많다. 쉬운 문제일수록 내가 다 안다고 자만하지 말고 꼼꼼히 읽어야 한다.

문제의 의도를 정확하게 파악하여 함정을 피하고, 비슷한 문제를 또다시 틀리지 않아 정답률을 100%로 올릴 수 있게 돕는 비법을 소개한다. 국어뿐만 아니라 모든 과목에 활용할 수 있는 비법이니 잘 기억해 두자.

■ 객관식 문제풀이 비법

- 문제를 꼼꼼하고 정확하게 읽는다.
- 지문을 읽기 전에 문제를 훑어보고, 요구하는 것을 먼저 파악한 후 지문을 읽는다. 지문을 먼저 읽고 문제를 읽으면 긴 지문을 다시 읽어야 하기 때문에 시간이 부족하다.

  예) 이 이야기에서 '허준'이 추구하는 삶은 무엇입니까?
  → 인물이 추구하는 삶이 무엇일지 생각하려면 '허준'의 말과 행동에 주목하면서 이야기를 읽는다.

- 문제와 보기의 핵심 부분에 밑줄을 긋는다.
- 정답의 근거를 보기 오른쪽에 표시한다.
- 정답 문항을 숫자로 쓴다(보기에만 정답을 표시하고 괄호 안에 숫자로 답을 쓰지 않을 때가 있으므로 주의하자).
- 시험 문제를 다 푼 후에는 잘못 생각한 문제가 없는지 두 번 이상 검토한다.

■ **객관식 문제풀이 고수의 비법 전수**

1 단정적인 표현을 사용한 보기는 의심해 보아야 한다. '항상', '반드시', '모두' 같은 용어를 사용했다면 틀린 내용이 아닌지 살펴본다.

  예 이야기를 읽을 때 항상 줄거리를 요약한다.

2 서로 반대되는 보기가 있을 때 둘 중 하나는 정답일 확률이 높다. 서로 반대되는 내용이므로 둘 중 하나는 맞는 내용일 수밖에 없다.

  예
  ① 글 (가)는 글쓴이의 마음이 잘 나타나 있다.
  ② 글 (가)는 글쓴이의 생각을 파악하기 어렵다.

3 정답을 정확히 모르겠으면 확실히 틀린 것부터 하나씩, 옆에 'X'를 표시하면서 제거한다.

4 다섯 개의 보기 중 생뚱맞게 혼자 튀는 보기는 정답일 확률이 높다. 나머지 네 개의 보기와 가장 연관성이 적거나 혼자 다른 이야기를 하는 보기는 없는지 눈을 크게 뜨고 살펴보자.

■ **함정 피하기 비법**

- 알맞지 않은 것을 고르는 문제인지, 알맞은 것을 고르는 문제인지 파악한다. 문제를 잘못 읽을 때는 정반대의 답을 고르는 실수를 할 위험이 있다.

  예 이 글에 대한 설명으로 알맞지 않은 것은?
  다음 중 글쓴이의 마음에 대한 설명이 아닌 것을 고르시오.

- 문제에서 답을 두 가지 고르거나 모두 고르라는 말을 하지 않았다면 답은 무조건 하나다. 이것도 맞고 저것도 맞는 것 같아서 두 가지를 고르는 실수를 범하지 않도록 하자. 답을 두 가지 쓰라고 했는데 하나만 고르는 실수도 많이 하므로 조심하자.

  예 다음 낱말 중 토박이말을 두 가지 고르시오.

- 한 문제에만 너무 많은 시간을 빼앗겨 나중에 시간이 부족하지 않도록 주의한다. 시험 시간 40분 동안 20~25문제를 풀어야 하므로, 한 문제를 푸는 데 주어진 시간은 1분 30초에서 2분 사이다. 잘 모르는 문제에서 시간이 3분을 넘어가면 일단 가장 그럴듯한 답을 골라 놓고 별표를 크게 친 후 다음 문제로 넘어간다. 그리고 모든 문제를 다 풀고 돌아와서 다시 해결한다.

- 성급하게 낱말 하나만 보고 정답을 고르지 않는다. 문제를 찬찬히 읽어 보면 처음 이해했던 내용이 아닐 때가 많다.
- 보기의 내용이 반은 맞고 반은 틀리다면 틀린 내용이다. 일부분이 맞는다고 해서 옳다고 생각하지 않도록 한다.

  예 글 (가)는 시간 순서대로 나타냈고, 글 (나)는 흉내 내는 말을 사용했다.
  → 글 (가)가 시간 순서대로 표현한 내용이 맞다고 하더라도, 글 (나)에서 흉내 내는 말을 사용하지 않았다면 틀린 설명이다. 성급하게 글 (가)를 설명한 글만 읽고 넘어가면 오답을 고르게 된다.

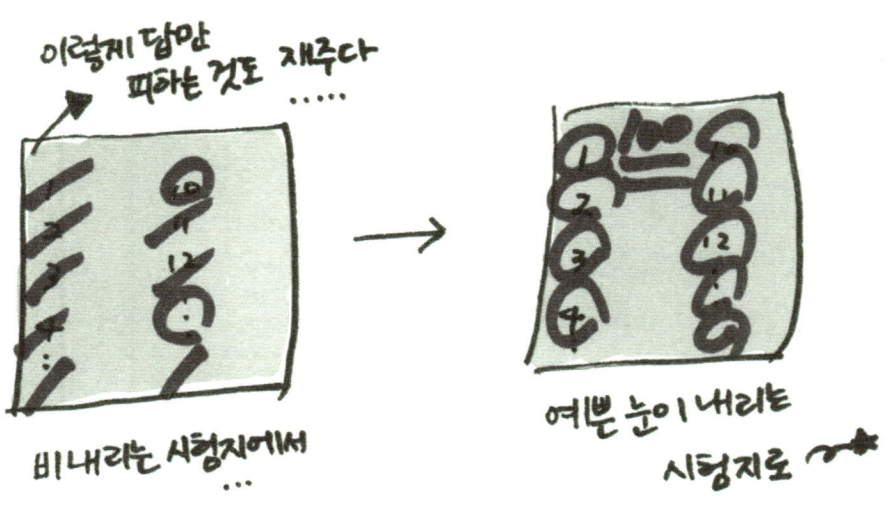

■ 오답 다시 보기 비법

다음 두 가지 방법 중 잘 맞는 것을 선택하자.

문제집을 한 번 더 보는 방법

- 문제를 채점한 후 문제를 틀린 이유를 파악한다. 틀린 문제가 있는 페이지의 귀퉁이를 접어 두거나 문제에 별표를 치는 등 눈에 띄게 표시해 둔다.
- 문제, 보기와 관련된 개념을 한꺼번에 공부하고, 문제 바로 밑이나 평소 사용하는 복습 노트에 개념을 간단히 정리하여 쓴다.
- 시험 전에 문제집에서 틀린 문제를 다시 한 번 훑어본다.

> **20** 주장하는 글의 ⓔ결론ⓔ에 들어갈 내용으로 가장 알맞은 것은 무엇입니까? (3)
>
> ① 주장을 뒷받침하는 근거를 쓴다. → 본론
> ② 글을 쓰게 된 문제 상황을 밝힌다. → 서론
> ✓③ 주장한 내용을 요약하고 다시 강조한다. → 결론
> ④ 주장에 대한 근거의 적절성을 판단한다. → 주장하는 글을 읽을 때.
> ⑤ 권위 있는 사람의 말을 인용하여 주장을 뒷받침한다. → 근거를 제시하는 방법
>
> <복습>
> 서론: 문제 상황.
> ⎰ 본론: 주장. 근거.
> ⎱ 결론: 요약. 강조.
>
> 3. 적절한 근거   19

오답 노트를 활용하는 방법

- 문제를 채점한 후 문제를 틀린 이유를 파악한다.
- 오답 노트에 틀린 이유를 간단히 쓴다.

- 문제, '보기'와 관련된 개념을 공부하고, 오답 노트에 필요한 내용을 정리한다.
- 시험 전에 오답 노트에 기록한 문제를 답과 해설을 가린 후 다시 한 번 풀어 본다. (오답 노트를 반으로 접어서 왼쪽에는 문제를, 오른쪽에는 답과 해설을 쓰면 나중에 답을 가리고 풀 때 더욱 편리하다. 편한 방법을 선택한다.)

* 기사문에서 문장을 쓰는 방법으로 알맞은 것은 무엇입니까? (3)
① 주장과 근거가 드러나도록 쓴다. X → 논설문
② 흉내 내는 말을 넣어 재미있게 쓴다. X → 시
③ 읽는 이가 이해하기 쉽도록 간결하게 쓴다. O 기사문 문장
④ 있음직한 일을 생생하여 흥미롭게 꾸며 쓴다. X → 소설
⑤ 생각이나 느낌이 잘 드러나도록 비유적 표현을 많이 쓴다. X→시

*틀린 이유: 처음에 기사문에 주장, 근거가 드러나는 줄 알고 1번을 썼다.
　　　　　　기사문은 객관적 사실을 나타내므로 설명문에 포함된다.
　　　　　　주장이 드러나는 것은 신문기사 중 논평가사, 사설만 해당된다.

<복습> 기사문이 갖추어야 할 조건
　• 읽는 이가 관심을 가질 만한 내용이어야 한다.
　• 육하원칙에 따라 일어난 일을 자세하게 전달한다.
　• 읽는 이가 쉽게 이해하도록 문장이 간결해야 한다.

15

국어 하수에서 국어 고수로 거듭나다

 국어 시험이 1주일밖에 남지 않았다. 시험 전에는 선생님께서 수업 중에 힌트를 많이 주신다는 오빠의 말이 생각났다. 선생님 목소리가 커지거나 유난히 강조하는 부분이 있으면 형광펜으로 크게 별표를 쳤다.
 나는 국어교과서에 손때가 탈 만큼 여러 번 읽어 보았다. 문제집을 풀면서 틀린 문제가 있으면 답만 체크하는 데서 끝내지 않고, 다시 해당 부분 교과서나 문제집 요점 정리를 읽어 보았다. 핵심어를 넣어서 문제에서 요구하는 서술형 답을 쓰는 연습도 여러 번 했다.

드디어 결전의 날이 왔다. 아침부터 내가 좋아하는 눈이 내리는 것이 왠지 예감이 좋았다. 소복소복 눈이 내린 길을 뽀드득뽀드득 기분 좋게 밟으며 학교로 향했다.

교실에 들어가니 아이들 표정이 평소보다 긴장해 있었다. 수업종이 치고, 1교시 국어 시험 시간이 되었다. 나는 시험지를 받자마자 실수하지 않도록 지문과 문제를 꼼꼼하게 읽어 보았다. 객관식 답을 선택할 때 답이 아닌 보기를 하나씩 없애면서 확실히 근거가 있는 답을 골랐다. 그동안 여러 유형의 문제를 풀었기에 비슷한 유형의 문제가 곳곳에 보였다. 서술형 문제는 핵심어를 넣어서 쓰고, 맞춤법을 틀리지 않도록 조심했다.

문제를 다 푼 후에 답을 잘못 쓴 곳은 없는지 두 번 더 검토했다. 헷갈리는 문제가 두 문제 정도 있었지만 지난 시험과는 달리 크게 어렵다는 생각 없이 시험을 끝마칠 수 있었다. 자신감이 붙으니 2교시 수학 시험에도 마음이 여유로웠다. 보통은 국어 시험을 망쳐서 속상했던 것이 2교시까지 영향을 미쳤기 때문이다.

시험이 끝나고 3~5교시 수업도 마쳤다. 담임선생님이 시험지는 다음 주에 나누어 주신다고 했다. 그러면서 점수가 궁금한 사람에게는 미리 개별적으로 알려 주신다고 했다.

나는 떨리는 마음으로 선생님 앞으로 갔다.
"선생님, 저 점수 좀 알려 주세요."
"동화, 이번에 국어 공부를 열심히 했나 봐?"
"네? 저 시험 잘 봤나요?"
"그래. 저번 시험보다 무려 15점이나 올랐더구나. 100점이야."

15점이나 올랐다니! 그동안 70~80점대에 머물며 90점 문턱을 한 번도 넘어 보지 못했는데. 독해 오빠에게 중학교 국어 시험도 아니고 초등학교 국어 시험을 90점도 못 넘는 것이 말이 되냐며 매번 타박을 받았던 나다.

타박을 주고 나를 무시할 때는 너무 미웠던 독해 오빠다. 하지만 이번 시험에서 점수 상승의 일등 공신이 그동안 국어 공부를 열심히 가르쳐 준 독해 오빠라는 것은 분명하다.

집에 가자마자 기쁜 소식을 전하고 싶어서 오빠가 오기를 기다렸다. 나는 오빠가 도착하자마자 고마운 마음을 전했다.

"오빠, 나 오늘 국어 100점 받았어! 다 오빠 덕분이야, 고마워!"

"이야~ 축하한다."

오빠는 씩 웃으며 말했다.

"그런데 점수 오른 것도 좋은 일이지만, 그것보다도 네 태도가 변한 게 더 큰 수확인데?"

"내 태도?"

"너 그동안 내 책장에 있는 책들 거의 다 읽었지?"

"응. 독서 빙고 채우면서 읽다 보니 재미있어서 세계 명작선도 읽고, 창작 동화 시리즈랑 역사 이야기도 읽었어."

"책 읽다가 모르는 낱말 나오면?"

"바로 국어사전 찾아보고 어휘 노트에 정리했지."

"국어 말고 다른 과목 공부할 때도 예습, 복습을 하고 복습 노트도 쓰고?"

"다른 과목 공부할 때도 도움이 될 거 같아서 똑같이 하고 있어."

나는 자신 있게 대답했다.

"이제 국어 공부가 재미있어?"

"응. 더 이상 안 지루해."

"이것 봐. 너는 이제 책을 즐겨 읽고 어휘력도 늘어난 데다가 국어 공부를 스스로 즐겨 하고 있잖아. 즐기는 사람이 진짜 고수지. 너는 이제 국어 하수에서 국어 고수로 거듭난 거야. 축하해."

독해 오빠는 악수를 건네듯 나에게 손을 힘차게 내밀었다. 나는 오빠의 손을 잡으며 활짝 웃었다.

그때 휴대폰에서 메시지 알림음이 울렸다.

시험도 끝났는데 영화 보고, 교보문고 놀러 갈래?

윤시인이 보낸 메시지였다. 나는 잠깐 고민하다가 대답했다.

그래, 좋아.

3초 후에 휴대폰이 다시 울렸다.

지금 창문 밖 좀 한 번 봐.

나는 얼른 베란다 커튼을 열고 창문 밖을 보았다. 너무 놀라 입이 크게 벌어졌다. 2층인 우리 집 창문에서 밖을 내다보니 시인이가 서 있었다. 오빠가 의심스럽다는 듯이 눈을 가늘게 뜨더니, 콧노래를 부르며 자기 방으로 들어갔다.

"잠깐 기다려! 금방 나갈게!"

창문이 닫혀 있어 밖에서는 입 모양밖에 보이지 않는데도 나는 목청이 떨어져라 큰소리로 외쳤다. 빠른 속도로 두터운 외투를 챙겨 입고, 지갑과 휴대폰을 주머니에 넣고는 밖으로 나갔다.

밖에 나오자마자 입김이 하얗게 보였다. 눈으로 새하얗게 덮인 길에 서 있는 시인이가 눈사람 같은 얼굴로 웃고 있었다. 기다리는 것이 조금도 춥지 않았다는 듯이 말이다.

이성 관계까지는 아직 잘 모르겠다. 그냥 누군가와 텔레파시처럼 통한 부분이 있었다는 사실이 기쁘다.

어쩌면 사람들은 자기가 보고 싶은 대로만 보는지도 모른다. 내가 처음에 시인이의 표정만 보고, 나를 계속 이겼다는 이유만으로 건방지다고 멋대로 오해한 것처럼 말이다. 시인이는 부끄러움이 많아서 무뚝뚝해 보이고 툭툭 내뱉듯이 말을 하지만, 사실은 마음이 따뜻한 아이 같다. 가끔은 나도 마음에 들지 않던 내 성격을 씩씩하고 솔직하다며 칭찬해 주기도 했다.

나도 시인이처럼 다른 사람의 긍정적인 면을 바라보아야겠다. 하늘의 별을 헤아리고, 잎새에 이는 바람에도 스스로 반성하던 윤동주 시인의 순수한 마음을 닮고 싶다.

여전히 백장미네 아이들은 삼삼오오 모여서 뾰족한 눈으로 나를 쳐다보고는 한다. 자기들끼리 쓰는 교환일기에도 내 욕을 잔뜩 써 놓았을지도 모른다.

하지만 그 아이들이 나를 싫어하고 욕한다고 해도 상관없다. 원래 여자아이들은 누군가를 욕하면서 친해지는 법이니까. 그 아이들은 잠깐의 재미거리가 필요했고, 그냥 내가 운 나쁘게 걸린 것뿐이다. 게다가 자기들끼리도 서로 욕하고 있는 것 같다.

나를 싫어하는 사람이 있다고 할지라도, 나는 나 자체로 소중하다는 것을 안다. 나는 내 성격이 마음에 든다. 꼭 이유가 있어서가 아니라, 있는 그대로의 내가 참 좋다.

만점 비법 노트

서술형 문제풀이 비법 & 수행평가 점수 한 단계 올리기 비법

■ **서술형 문제풀이 비법**

대부분의 학교평가 규정에 서술형 문제를 30% 이상 출제하라는 지침이 있어 서술형 문제의 비중이 높다. 객관식은 잘 몰라도 찍어서 최소한의 답이라도 맞힐 수 있지만, 서술형 문제는 모르면 아예 답을 못 쓴다. 그리고 제대로 쓰지 않으면 점수도 깎인다. 국어 100점으로 가는 길을 가로막는 서술형, 어려워 보이는 서술형을 어떻게 정복해야 하는지 살펴보자.

1 서술형 문제는 교과서 학습목표와 관련된 문제가 나온다. 학습목표와 관련하여 서술형 문제로 나올 만한 내용을 미리 정리해 둔다.

   예 다음 내용으로 알 수 있는 나그네가 추구하는 삶을 쓰시오.
   → 이 단원의 학습목표는 '이야기를 읽고 인물이 추구하는 삶을 파악하여 봅시다'이다. 이 학습목표와 관련하여 각 이야기에서 인물이 어떤 삶을 추구하는지 쓰는 문제를 서술형 문제로 자주 출제한다. 각 이야기에서 인물이 추구하는 삶을 복습 노트에 정리해 둔다.
   ◦ '나무를 심는 사람'에서 왕가리 마타이가 추구하는 삶 : 자연환경을 보호하는 삶, 자신이 하고자 하는 일에 최선을 다하는 삶

- '서로 다른 선택'에서 나그네가 추구하는 삶 : 다른 사람을 돕는 삶, 생명을 소중히 여기는 삶

2 문제에서 요구하는 핵심 내용을 넣어 정확한 표현을 사용한다. 서술형 문제는 자신의 생각을 쓰는 문제다. 그렇지만 혼자만 이해하는 생각을 마음대로 쓰는 것이 아니라, 다른 사람도 이해하고 공감할 수 있는 내용을 써야 한다.

   예 종이책의 미래에 대한 자신의 생각을 까닭을 들어 쓰시오.
   - 부족한 답안 1 : 종이책의 미래는 밝을 것이다. → 까닭을 들지 않았으므로 좋은 점수를 받기 어렵다.
   - 부족한 답안 2 : 종이책의 미래는 어두울 것이다. 앞으로 모든 사람이 전자책을 볼 것이기 때문이다. → 종이책의 미래에 대한 자신의 생각과 까닭을 썼지만, 모든 사람이 전자책을 볼 것이라는 내용은 실현 가능성이 떨어진다. '최근에 사람들이 전자책을 선호하는 경향이 늘고 있기 때문이다'는 표현으로 바꾸면 좋다. 채점하는 사람이 읽었을 때 납득할 수 있는 타당한 근거를 쓰는 연습을 한다.
   - 모범 답안 : 종이책의 미래는 어두울 것이다. 요즘에는 사람들이 영상 매체를 더욱 선호하기 때문이다.

3 서술형 문제를 해결한 후 자신이 쓴 답안과 모범 답안을 비교해서 부족한 부분이 있으면 다시 한 번 쓴다. 모범 답안을 그대로 보면서 쓰지 말고, 답이 보이지 않게 덮어놓은 채로 내용을 기억하여 쓰는 것이 실

전처럼 연습하는 데 도움이 된다.

　모범 답안과 똑같은 내용을 쓰면서 연습해도 괜찮다. 자기 마음대로 무작정 쓰는 것보다는 좋은 모범 답안을 연습하면서 서술형 문제 풀기 실력을 키우면 좋다.

　답안지에 제시된 채점 기준을 잘 읽어 보고, 채점 기준에 맞는 답을 쓸 수 있도록 연습한다. (문제집을 선택할 때는 서술형 문제의 채점 기준이나 모범 답안이 잘 제시되어 있는 문제집을 고르면 좋다.)

　예) 우리 주변에서 일어나는 문제에서 자신의 주장을 정하여 연설문의 각 부분에 들어갈 내용을 생각해서 쓰시오.

　※ 채점 기준

상(잘함)	연설문의 짜임에 맞게 글을 썼고, 주장을 논리적으로 전개했다.
중(보통)	주장을 논리적으로 전개했으나, 연설문의 짜임에 맞지 않는 부분이 있다.
하 (노력 요함)	연설문의 짜임에 맞게 글을 쓰지 못했고, 주장을 논리적으로 펼치지 못했다.

4 교과서 내용 지식을 쓰는 서술형 문제의 답은 어느 정도 외워 둔다.

　예) 기사문을 쓰려고 자료를 수집할 때 주의할 점은 무엇인지 한 가지 쓰시오.

　→ 생각을 자유롭게 쓰는 문제가 아니라, 이 문제처럼 답이 어느 정도 정해진 서술형 문제를 출제할 때도 있다. 학습목표와 관련된 핵심 내용을 외워 두어야 서술형 문제 답안을 쓸 때 활용할 수 있다.

　※ 모범 답안 : 자료를 만든 사람과 출처를 분명하게 밝히고 부분적으로 참고한다.

■ **수행평가 점수 한 단계 올리기 비법**

　교육부에서 지필평가보다는 수행평가의 비율이 높은 평가를 하라는 지침을 계속 제시하는 것으로 보아 수행평가의 중요성은 갈수록 커질 것이다. 수행평가는 학생들이 학습 내용을 제대로 이해하고 있는지 학습 과정을 관찰하고 판단하는 평가이다. 수행평가지로 보는 지필평가, 발표나 수업에 참여하는 태도를 보는 관찰평가, 학생들이 일정 기간 동안 작업물을 제출하는 프로젝트평가 등이 있다. 즉, 수행평가에서는 객관식 시험처럼 답만 고르는 것이 아니라, 실제로 말하고 듣고 쓰고 읽고 감상하는 능력이 중요한 것이다.

1 학습목표와 관련된 문제가 나오므로 학습목표 위주로 국어교과서 내용을 확실하게 공부한다.

　예
　　◦ 5학년 2학기 '3. 토론을 해요' 학습목표 : 토론의 절차와 방법을 알아봅시다.
　　◦ 수행평가 문제 : 토론의 절차와 방법 알기(토론의 절차를 알 수 있는 사회자의 말을 알맞게 써 봅시다. / 토론 절차별로 토론하는 방법을 알맞게 연결하여 봅시다.)
　　◦ 토론 절차인 반론 펼치기, 주장 다지기 등을 잘 알아야 이 수행평가를 해결할 수 있다.

2 수업 시간에 배운 내용을 평가하기 때문에 모든 수업 시간에 집중하고 적극적으로 참여하는 태도가 중요하다. 평소 수업 태도가 좋은 학생들

은 가산점을 받고, 태도가 좋지 않은 학생은 감점을 받는다.

3 글씨를 바르게 쓴다. 의외로 글씨가 중요하다. 같은 내용이어도 정성을 들여 쓴 답안지가 더 잘 쓴 것 같은 착각을 일으킨다.

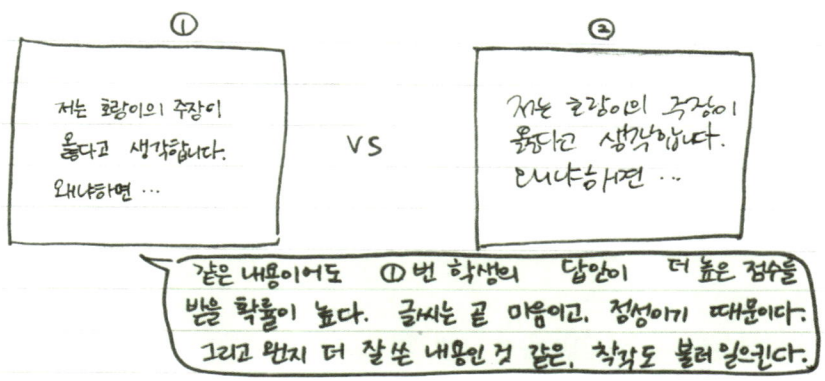

4 학기 초에 담임선생님이 수행평가 계획을 학급 홈페이지나 유인물로 공지한다. 수행평가 계획을 책상 앞에 붙여 놓고 미리미리 준비하면 도움이 된다.

> 예 독서 감상문 쓰기 수행평가가 예고되어 있으면, 좋아하는 책으로 독서 감상문 쓰기를 미리 연습한다.

5 말하기 수행평가는 무조건 크고 또박또박한 목소리로, 적당한 속도로 발표한다.

> 예 토론의 절차와 방법을 지켜 토론을 하여 봅시다. / 인물의 마음을 살려 이야기를 실감 나게 읽어 봅시다.

6   쓰기 수행평가는 바로 글을 쓰지 않고, 어떤 내용을 써 내려갈지 글의 개요를 정리한 후 쓴다.

7   파워포인트 작성을 제대로 배우면 중학교 때까지 유용하게 사용할 수 있는 무기가 된다.
   예 6학년 면담하기 수행평가에서 면담 결과를 발표할 때 깔끔한 파워포인트로 한눈에 들어오도록 만들고 흥미로운 동영상을 첨부하면 훌륭하게 발표를 할 수 있다.

에필로그

국어 실력 덕을 본 선생님 이야기

　선생님이 어떻게 국어 실력 덕을 보았는지 이야기를 시작하려면 선생님의 초등학생 시절로 거슬러 올라가야 할 것 같습니다.

　선생님은 초등학생 때 책 읽는 것을 좋아하는 학생이었어요. 동화책을 읽는 시간이 꿀맛처럼 느껴졌지요. 읽고 싶은 책들이 예쁘게 진열되어 있는 서점은 어릴 때도, 어른이 된 지금도 선생님이 가장 좋아하는 장소랍니다.

　선생님이 중학교 1학년 때 부모님께서 사 주신 세계 명작 중에 『안나 카레니나』가 있었습니다. 아주 두꺼워서 두 권으로 나눈 책이었지요. 내용이 어려워서 이해가 잘 되지 않았음에도 이상하게 뭔가 끌리는 거예요. '왠지 모르겠지만 문장이 참 아름답다'고 생각했던 것 같습니다.

　누가 시키지도 않았는데 노트를 꺼내서 마음에 드는 문장들을 적기 시작했습니다. 그날 이후로 선생님의 노트는 책의 멋진 구절, 인상 깊은 구절로 가득 찼습니다. 지금 생각해 보면 좋은 문장들을 기록했던 습관이 자연스럽게 글쓰기 실력을 키워 주었던 것 같습니다.

　고등학교 1학년 때 담임선생님이 국어는 네가 제일 잘한다고 칭찬해 주신 일이 기억납니다. 한 과목에 자신감이 있으니까 부족한 과목에 주력할 수 있는 여유가 생겼습니다. 여러분도 어떤 과목이든 먼저 자신 있는 과목을 하나 만드세요. 다른 과목을 공부하는 데도 자신감이 붙고 더 수월해질 거예요.

　선생님이 수능 시험을 보았던 해는 국어 시험이 유독 어렵게 출제되었다고 했습니다. 다행히 제일 좋아했던 과목이었기에 1교시 국어 시험을 무사히 마칠 수 있었습니다. 1교시 시험에서 마음이 여유로웠으니 2교시 수학 시험도 평소보다 편한 마음으로 치를 수 있었습니다. 평소 시험이든, 대입 시험이든 보통 국어 시험을 먼저 봅니다. 국어를 잡으면 다른 시험도 차분한 태도로 임할 수 있습니다.

　실제로 많은 학생이 모의고사 점수보다 국어 점수가 많이 떨어졌을 때, 선생님은 오히려 점수가 더 올라 높은 점수를 받을 수 있었습니다. 성공 요인을 파악해 보자면, 평소 국어 공부를 할 때 시나 소설, 고전 문학 등 문학 작품은 깊이 파악하면서 읽었습니다. 그리고 비문학은 빠른 시간 안에 지문을 정확하게 파악하는 연습을 했기에 실전에서도 시간이 부족하지 않았던 것입니다.

　어른이 되어서도 국어는 선생님에게 많은 도움을 주었습니다. 국어 교육과 관련된 여러 일을 할 수 있었고, 글쓰기를 좋아했기 때문에 이렇게 책도 출판할 수 있게 되었지요.

　소설가 김영하는 어려서부터 지식만 쌓지 말고, 문학적 감수성을 키워 주어야 한다고 말했습니다. 어른이 된 후에 감수성을 키우는 일은 몇 배나 더 어렵다고 합니다. 선생님도 학창 시절에 책을 읽고 국어 공부를 하면서 키운 감수성으로 시, 소설, 만화, 영화 등 다양한 분야의 작품을 즐기면서 인생이 더욱 풍요롭게 바뀌었습니다. 어른이 되어서도 좋아하는 작품을 발견하는 재미를 잃지 않는 것은 기쁜 일입니다.

　이처럼 선생님은 스스로 국어 실력 덕을 많이 본 사람이라고 생각합니다. 그래서 이 책을 읽는 여러분도 초등학생 때부터 국어 실력을 키워서 선생님보다 더 좋은 일이 많이 생겼으면 좋겠습니다. 그동안 겪은 좋은 경험을 학생들에게 나누어 주고 싶은 것이 선생님 마음이니까요.

    그리고 그런 마음으로 이 책을 썼습니다.

이 책을 읽는 친구들에게 고맙고 사랑스러운 마음을 담아

김정 선생님

[십대들의 힐링캠프®] 시리즈는 대한민국 10대들의 삶을 담은 소설입니다.
[십대들의 힐링캠프®]가 전하는 소설 안에서 행복과 힐링을 만나보세요!

No.01
나는 밥 먹으러
학교에 간다

글 박기복 | 값 8,800원

No.02
일부러 한 거짓말은
아니었어

글 박기복 | 값 8,800원

No.03
우리 학교에
마녀가 있다

글 박기복 | 값 8,800원

No.04
소녀,
사랑에 말을 걸다

글 박기복 | 값 9,800원

No.05
소년 프로파일러와
죽음의 교실

글 박기복 | 값 10,000원

No.06
동양고전 철학자들,
셜록 홈즈가 되다

글 박기복 | 값 10,000원

No.07
수상한 고물상,
행복을 팝니다

글 이서윤 | 값 9,800원

No.08
뉴턴 살인미수 사건과
과학의 탄생

글 박기복 | 값 10,000원

No.09
신화 사냥꾼과
비밀의 세계

글 박기복 | 값 10,000원

No.10
내 꿈은 9급 공무원

글 박기복 | 값 10,000원

동화로 읽는 국어 만점왕, 이제 너희의 차례가 될 거야!